**ベネルクス３国縦断の保存鉄道旅 &**
**お隣のドイツ／マイン川沿いには蒸機やレールバスも走る**

*Nederland Belgium Luxembourg*

## ベネルクス３国縦断
# 蒸機が走る
# 保存鉄道を求めて

文・写真・イラスト・編集
**田中貞夫**

フォト・パブリッシング

# 目　　次

第1章　旅のプレゼンテーション ——————————————————— 4〜17

第2章　ベネルクス三国保存鉄道 "蒸機が走る保存鉄道を求めて"　7〜15

### オランダ 編

1、アムステルダムのトラム ——————————————————— 18〜19

2、アムステルダム路面電車博物館 ———————————————— 20〜25
　　国内や欧州各地のトラムを収集、かつてのハーレマーメーア鉄道路線

3、ライデン・カトウェイク蒸気列車 —————————————— 26〜35
　　ファルケン湖の周囲に狭軌鉄道を保存、博物館から湖周回の路線を走る

4、ユトレヒト鉄道博物館（第6弾"60歳からの熟年男旅"に紹介）

5、ホールン−メーデムブリック保存蒸機鉄道　蒸機と船旅
　　（チューリップ畑と蒸気機関車の共演は第5弾"蒸気機関車3"に紹介）

6、スタッズカナール保存鉄道 ————————————————— 36〜43
　　フェーンダム〜ムッセルカナール間の25km、ドイツ52型蒸機が登場

7、ハークスベルヘン地方鉄道博物館 ————————————— 44〜55
　　ドイツ国境に接するハークスベルヘンから約10kmを蒸機が運行

8、アペルドールン・フェリュヴェ蒸気列車協会 ——————— 56〜65
　　オランダの東、デホーヘフェルウェ国立公園の近くアペルドールンが始発駅

9、デン・ハーグ（Den Haag）からトラムでお隣のデルフト（Delft）— 66〜71

10、ロッテルダム　路面電車博物館とシティ「ツアートラム」——— 72〜89
　　旧港街歩き、デルフスハーフェン（Delfshaven）へ

11、アウウドルプRTM財団（Stichting RTM Ouddorp） ————— 90〜99
　　オランダに唯一残る狭軌路線（軌間：1067mm）を走る（旧ロッテルダム鉄道）

12、蒸機列車　フス−ボルセレ ————————————————— 100〜111
　　フス（Goes）からバールラント（Baarland）へ蒸機とレールバス運行

13、南リンブルフ蒸機列車会社（第5弾"蒸気機関車3"に紹介）

### ベルギー 編

14、デンデルモンデ＝プールズ蒸気鉄道——————————— 112〜123
　　デンデルモンデ（Dendermonde）〜プールズ（Puurs）間の保存鉄道

15、マルデヘム＝エークロー蒸気列車 ————————————— 124〜125
　　マルデヘム蒸気センター博物館からエークロー（Eeklo）間を走る保存鉄道

16、ブリュッセルトレインワールド（鉄道博物館 Train World）— 126〜129

17、ブリュッセルトラム博物館とトラムを活用したポテトチップス店 — 130〜139

18、ロブ・チュワン保存鉄道（ASVi）————————————— 140〜153
　　以前シャルルロワの市街地からチュワン迄を結んでいたトラム路線

19、ボック川鉄道（Le Chemin de Fer du Bocq）——————— 154〜161
　　ボック川沿いのシネイ（Ciney）〜イヴォワール（Yvoir）間を走る保存鉄道

20、マリアンブールの三つ谷蒸気鉄道 ————————————— 162〜173
　　マリアンブール（Mariembourg）からフランスとの国境駅トレーニュ（Treignes）へ

21、アン鍾乳洞トラム（Tram des grottes de Han）——— 174〜181
　　鍾乳洞へ観光客をトロッコ客車に乗せ牽引するディーゼルトラム
22、エーヌ観光路面トラム ——————————————— 182〜191
　　アルデンヌの森を走るメータゲージディーゼルトラムの生き残り

ルクセンブルク　編

23、トラン 1900（Train1900） ——————————— 192〜203
　　蒸機とレールバスが運行する保存鉄道はフォン・ド・グラ鉱山鉄道に接続
24、フォン・ド・グラ鉱山鉄道(Minièresbunn) ————— 204〜215
　　鉱山トロッコは坑道のトンネルを出るとそこはフランス、ドラマのワンシーン

第3章　ドイツ/モーゼル川流域　葡萄畑に囲まれた小さな町 ——— 216〜235
25、ベルンカステル・クース(Bernkastel-Kues) ————— 216〜223
26、トラーベン・トラバッハ(Traben-Trarbach) ————— 224〜225
27、マーレ・モーゼル自転車道(Maare-Mosel-Radweg) —— 226・235

第4章　ドイツ/マイン川沿いの保存鉄道と自転車道の足跡 ——— 236〜301
　(1) ヘキスト(Höchst) ここがフランクフルトか、トラムが走る街 —— 240〜247
　(2) フランクフルト(Frankfurt)〜シュタインハイム(Steinheim) —— 248〜253
　(3) シュタインハイム〜ゼーリゲンシュタット(Seligenstadt) —— 254〜255
　(4) ゼーリゲンシュタット〜アシャッフェンブルク(Aschaffenburg)— 256〜261
　(5) クリンゲンベルク・アム・マイン(Klingenberg am Main) —— 262〜265
　(6) ミルテンベルク(Miltenberg)〜ヴェルトハイム(Wertheim)—— 266〜273
　(7) ヴェルトハイム〜カールスシュタット(Karlstadt)———— 274〜283
　(8) カールスシュタット〜ゾンマーハウゼン(Sommerhausen)— 284〜291
　(9) ゾンマーハウゼン〜フォルカッハ(Volkach) ————— 292〜301
　　赤いレールバスが走るフォルカッハマイン湾曲鉄道(Volkacher Mainschleifenbahn)

あとがき ———————————————————————— 302〜303

オランダ、ベルギーではムール貝ワイン蒸し料理とフライドポテトポテトは市民の定番料理。　因みに、食べ方にルールがあり、ムール貝の殻をつかって身を取り出しお口に入れる。ご注意を！

# 第1章 保存鉄道に夢中の熟年男 旅のプレゼンテーション

ホールン・メーデムブリック保存蒸機鉄道

　旅シリーズ第7弾　旅のタイトルは「ベネルクス3国の蒸機が走る保存鉄道を求めて」
　保存鉄道を愛する熟年男の旅は、ベネルクス3国(オランダ・ベルギー・ルクセンブルク)を縦断し、ドイツ/モーゼル川沿いの葡萄畑に囲まれたモーゼルワインの産地で中世の香りが残るベルンカステル・クースの町が最終目的地となる。
　本書は、仕事一筋に高度成長時代を生き抜いた定年退職組へのアドバイスとして、趣味を生かしたこれからの大切な10年について、生き方の提案本として見て頂きたい。
　私の場合、環境リサイクル技術分野や廃棄物からの資源回収技術における機械プラント設計・開発エンジニア人生から路を変えてみよう。今までの10年よりも、今からの10年のほうが大切と、ある先輩から教えて頂いた。趣味を生かした自転車、鉄道、カメラである三つのベクトルを合成すると旅となり、この10年間は童話作家として大成したアンデルセンの詩集「旅することは生きること」に向き合うことになった。あるとき、ドイツの川沿いを走る自転車道でのこと、遠くから蒸機の汽笛が聞こえ、微かに黒い煙が見える。自転車のペダルをフル回転し近づくと、ノスタルジックな蒸機がレトロな客車を牽引し通り過ぎる。乗客は皆笑顔で、見知らぬ人同士でも友達かのようにお互いに手を振り合うのだ。この光景が保存鉄道に嵌まる第一歩となる。いつの間にかドイツ保存鉄道に夢中となり、蒸機の追いかけをしていた。ふと気付いたことは、国境を接するお隣のベネルクス3国は小国ながら、独自の歴史や文化を持ち、異文化が交差し、芸術やスポーツ分野、食文化に奥深く、また、ブリュッセルやルクセンブルク市はEUの政治的な中心都市でもあるということだった。そんな響きの良いベネルクスには、どんな保存鉄道が運行しているのだろうか。

この疑問がドイツ限定免許の殻から破る旅の出発点となった。

　オランダからベルギーを経由してルクセンブルクへとベネルクス三国を縦断、新たにロマンティックな旅を求めて保存鉄道の追いかけを開始した。　オランダとベルギーではノスタルジックな蒸機やディーゼル機関車、レールバス等が運行されている保存鉄道、レトロな路面電車を求めてトラム博物館、ルクセンブルクでは鉱山鉄道にも訪れる機会があった。　保存鉄道は7月と8月のサマーシーズンには週末だけの特別運行に加えて平日にも運行される鉄道があるので、効率よく訪れることが可能だ。あちらに行ったりこちらに来たりと弾丸旅となりそうだが。　おまけはドイツ/フランクフルトから出発しデュッセルドルフを経由して左回りにベネルクス3国を縦断した後、ドイツ/モーゼル川沿いのワイン畑に囲まれた町ベルンカステル・クースを訪れた際には、モーゼル川自転車道と廃線自転車道もポタリング。　最後はフランクフルトに戻るという周遊旅プランとした。

　また本書では、既出版「60歳からの熟年男旅」の続編として、マイン川沿いの保存鉄道を探し求めて、フランクフルトから赤いレールバスが走るフランケンワイン葡萄の産地フォルカッハへと旅を続ける。　相棒ブロンプトン、折り畳み自転車でマイン川自転車道を走り、保存鉄道を追いかけた一人旅の足跡を振り返ってみよう。

## 保存鉄道を訪れて感じたことについて一言

　残念ながら、日本にはレトロな蒸機機関車やディーゼル機関車、古い機関庫や駅舎、旧路線をそのまま大切に修復保存し、古き良き時代の車両を走らせ、動態保存の鉄道遺産として次世代に継承する保存鉄道というジャンルが育っていない。　一方、保存鉄道の先進国であるドイツ、英国、および他の欧州諸国では、鉄道遺産を後世に残すという考え方は、単に今養われたものでなく、長年の年月をかけて育てられたものである。　子供の頃から古いものを大切にするという習慣に日本が追いつこうとしても追いつけないほどの重みがある。

　訪れた保存鉄道で働くスタッフのほとんどはボランティアなのだ。　若手は毎日の仕事の傍ら、休日にはボランティアスタッフに早変わりする。　定年退職組は今まで一流企業で働いていたことよりも、ボランティアで働くことがステータスであり、人生の誇りでもあるのだという考え方に衝撃を受ける。　彼らは運行に必要な資金の寄付のみならず、運転や整備、車掌業務などの運行に必要な業務に携わっているのだ。　ボランティアによって支えられていると言っても過言ではない。「機関車トーマス」シリーズの原作者であるウィルバート・オードリー牧師が保存鉄道に熱心に関わっていたことはあまり知られていないが、いくつかの作品を保存鉄道のために執筆し、自らもボランティアスタッフの一員として活動している。

　日本では、観光鉄道が脚光を浴びている。　食堂車で地元産の食事を提供し、地元の役所や住民が一体となり、ご当地グルメの販売や沿線の観光を盛り上げている企業努力は素晴らしいと思う。　鉄道事業の存続は収益がないと生き残れないのは分かるが、なぜ欧州各国では保存鉄道が成り立っているのか疑問である。　今回の旅では、訪れた保存鉄道のほとんどはボランティア団体が運営の主体となっていることに気づかされたことが、疑問の答えでもあった。　この旅で皆様と一緒に旅をしながら、どのように保存鉄道を盛り上げたら良いのかを考え、日本の保存鉄道を次世代に継承していければと思う。

「ベネルクス（Benelux）」とは、それぞれの国名（Belgium・Nederland・Luxembourg）から頭文字を取って繋げた言葉。この響きが心地良く訪れた保存鉄道はレトロなお蒸機、レールバス、旧ディーゼルトラムや鉱山鉄道

Luxembourg Belgium Nederland

①アムステルダム中央駅(Amsterdam Centraal)のトラム
オランダ/アムスの街中散歩とトラム路線ぶらぶら歩き、トラムと人と自転車をテーマにライツェ通りへ"60歳からの熟年男旅"に紹介

②アムステルダム路面電車博物館
オランダ国内や欧州各地のトラムを収集、かつてのハーレマーメーア鉄道路線（約7km）で運行　　　（Electrische Museumtramlijn Amsterdam）

③ライデン・カトウェイク蒸気列車(Stoomtrein Katwijk Leiden)
ライデン近郊にあるファルケン湖の周囲に狭軌鉄道の保存を目的に、博物館と約4.5kmの狭軌路線（軌間：700mm）を運営

④ユトレヒト鉄道博物館（Het Spoorwegmuseum）旧駅舎であるマリーバーン駅を改装し、オランダ国鉄の歴史的な車両を保存するために、1954年に設立された鉄道博物館　第6弾"60歳からの熟年男旅"に紹介

⑤ホールン−メーデムブリック保存蒸機鉄道　第5弾"蒸気機関車 3"に紹介
チューリップと蒸機の共演　　　　　（Museum Stoomtram Hoorn-Medemblik）

⑥スタッズカナール保存鉄道(Museumspoorlijn, Stadskanaal)
フェーンダム〜ムッセルカナール間25km、ドイツ52型蒸機が登場

⑦ハークスベルヘン地方鉄道博物館　ドイツ国境に接するハークスベルヘンから約10kmを蒸機が運行　　　（Museum Buurtspoorweg, Haaksbergen）

⑧アペルドールン・フェリュヴェ蒸気列車協会　近くにあるクレラー・ミュラー美術館に寄り道したいが我慢しよう、蒸機の追い掛けが最優先
　　　　　　　　　　　　　（Veluwsche Stoomtrein Maatschappij, Apeldoorn）

⑨デン・ハーグ(Den Haag)からトラムでお隣のデルフト(Delft)へ

⑩ロッテルダム　路面電車博物館・シティ「ツアートラム」と街歩き、デルフスハーフェン(Delfshaven)へ

⑪アウウドルプ RTM 財団(Stichting RTM Ouddorp)　オランダに唯一残る軌間1067mmの狭軌路線を走る保存鉄道（旧ロッテルダム鉄道）

⑫蒸機列車　フスーボルセレ　（Stoomtrein Goes-Borsele (SGB)）
フス(Goes)からバールラント(Baarland)へ約14km　蒸機とレールバス運行

⑬南リンブルフ蒸機列車会社(Zuid Limburgse Stoomtrein Maatschappig)
第5弾"蒸気機関車 3"に紹介　百万フルデン(gulden)路線 Miljoenenlijn

⑭デンデルモンデ＝プールズ蒸気列車(Stoomtrein Dendermonde-Puurs)
デンデルモンデとプールズ間、長さ14kmの標準軌路線に蒸機が走る

⑮マルデヘム＝エークロー蒸気列車(Stoomtrein Maldegem-Eeklo)　マルデヘム蒸気センター博物館から10kmの標準軌線　（都合により次回訪問）

⑯ブリュッセルトレインワールド（鉄道博物館）（Train World）

⑰ブリュッセルトラム博物館と旧トラムを活用したポテトチップス店

⑱ロブ・チュワン保存鉄道(ASVi)　（Tramway Historique Lobbes-Thuin）
以前シャルルロワの市街地からチュワン迄を結んでいたトラム路線の一部

⑲ボック川鉄道(Le Chemin de Fer du Bocq)　マース川の支流ボック川にちなんで名付けられた鉄道、シネイ(Ciney)〜イヴォワール(Yvoir)間を走る

⑳マリアンブールの三つ谷蒸気鉄道　マリアンブールから国境駅トレーニュまで14kmの区間（Chemin de Fer à Vapeur des 3 Vallées, Mariembourg）

㉑アン鍾乳洞トラム（Tram des grottes de Han）　鍾乳洞入り口まで観光客をトロッコ客車に乗せ、牽引する珍しいレトロなディーゼルトラム

㉒エーヌ観光路面トラム（TTA:Tramway Touristique de l'Aisne）　エーヌ川沿い、アルデンヌの森を走るメーターゲージディーゼルトラムの生き残り路線

㉓トラン1900（Train1900）フォン・ド・グラ鉱山鉄道に接続し保存鉄道の運営は鉄道保存観光協会 Associationdes Musée et Tourisme Ferroviaires
㉔フォン・ド・グラ鉱山鉄道(Minièresbunn)　フランスとの国境にある鉱山鉄道、坑道のトンネルを出るとそこはフランス、かつては鉱山で栄えた抗夫の村に出逢える
㉕モーゼル河畔の葡萄畑に囲まれたモーゼルワインの産地、ベルンカステル・クース（Bernkastel-Kues）
㉖ベルンカステル・クースのお隣、こちらも葡萄畑に囲まれたモーゼルワインの産地、トラーベン・トラバッハ(Traben-Trarbach)
㉗廃線跡のサイクリングロード　マーレ・モーゼル自転車道(Maare-Mosel-Radweg)

本書はベネルクス 3 国の保存鉄道やドイツ自転車道を旅する人の紀行＆案内ガイドブックです。 ベネルクスは 2023 年、ドイツ自転車道は 2010～2015 年のデータをもとに作られています。掲載されている情報や資料の翻訳等は時間の経過とともに内容に変更がありますので、旅立つ前には可能な限り最新情報を収集し、ご自身の責任でご判断の上、ご利用ください。

# まえがき

**1、ベネルクス3国(オランダ、ベルギー、ルクセンブルク)を縦断し、蒸機やディーゼ
ル機関車、レールバスの追いかけ**

　ベネルクス 3 国の保存鉄道についてはなかなか情報がない中、ネットで探したオラ
ンダ鉄道協会のサイトがあった。　オランダの保存鉄道や博物館の30組織を代表する
協会であり、約 800 台以上の歴史的な鉄道車両について鉄道遺産管理を行い、各保
存鉄道のホームページを紹介している(HRN: Historisch Railvervoer Nederland
www.railmusea.nl)。　ベルギーとルクセンブルクについては私設サイトがあり、国と保
存鉄道を選ぶと一覧が紹介されている(www.hans-maennel.de/b/mus/mus.htm)。　ま
た、ウキペディアのベルギーの観光鉄道と路面電車のリスト(Liste des chemins de fer
et tramways touristiques de Belgique)でも見ることができる。　因みにドイツでは、保存
鉄道の旅でお世話になった虎の巻、「ドイツ保存鉄道時刻表」(Verlag Uhle &
Kleimann 毎年発行)には全州の鉄道と博物館が網羅されている。　保存鉄道は春から
秋にかけて土曜と日曜日に運航されるのが通常だが、7月と8月の夏の休暇時期には
平日も運行される場合が多い。　スケジュールが立てやすく狙い目であるが、混雑す
るのがネックである。　今回 2023 年の旅では 3 週間弱の期間で集中的に保存鉄道を
訪れたが約 90％以上無駄なく旅ができた。　しかし、この季節は天候が良くないようで
曇りと雨ばかり。　時々晴れ間があるが、ブルースカイの青空が恋しい旅となった。　あ
っちに行ったりこっちに来たりと、忙しいが充実した熟年男旅となったのでまあ良い
か。　訪れた保存鉄道は約 20 ヵ所、あいにくの天気だが、雨にも負けずに頑張った主
な鉄道の自慢とする概要を拾い上げてみよう。

① 　オランダ(Netherlands)

　首都アムステルダムではトラムが縦横に走り回っているが今回はアムステルダム路
面電車博物館(Electrische Museumtramlijn Amsterdam)へ。　アムステルダムやその他
の都市で使用されていた旧路面電車が走る。　オランダ北部のフローニンゲン
(Groningen)には運河に沿って走るオランダで最も長い 25 ㎞の保存鉄道線を持つスタ
ッズカナール保存鉄道(Museumspoorlijn, Stadskanaal)、なんとドイツ 52 型蒸機に出
逢える。　オランダ東部、アムステルダムからドイツのハノーファーやベルリンを繋ぐ国
際列車が通る幹線路線の駅ヘンゲロー(Hengelo)にはハークスベルヘン地方鉄道博
物館の蒸機列車がドイツとの国境近くを走る。　こちらも東部にあるアペルドールン
(Apeldoorn)、デ・ホーヘ・フェルウェ国立公園(Nationale Park De Hoge Veluwe)があ
り、園内のゴッホのコレクションで知られるクレラー・ミュラー美術館(Kröller-Müller
Museum)を訪れたいが今回の目的は保存鉄道、アペルドールン・フェリュヴェ蒸気列
車協会が運行する蒸機列車なのだ。　ホームページでは保存鉄道とアイセル川の観
光船をセットにした周遊を提案している。　南部にあるオランダ第 2 の都市ロッテルダ
ムから地下鉄と路線バスを乗り継ぎ訪れたのはアウウドルプ RTM 財団(Stichting RTM
Ouddorp)が運営するレトロな蒸機と気動車の保存鉄道。　北海に面する砂丘地帯、
北海とグレーヴェリンゲン湖に挟まれた堤防上を走る姿は珍しい。　ロッテルダムでは
シティツアーライン 10「ホップオン-ホップオフ(hop on － hop off)」という乗り降り自由な

10

市内周遊路線（10系統）を走るレトロなトラムで、17世紀の面影が残るデルフスハーフェン（Delfshaven）の古い港町へ散策と忙しい。

## アペルドールン/フェーリュウェ蒸気鉄道
ベークベルヘン（Beekbergen）駅の機関庫にて　ワンも雨にも負けず参加

### ライデン・カトウェイク蒸気列車
(Stoomtrein Katwijk Leiden)

オランダの狭軌鉄道遺産として、ライデン近郊にあるファルケン湖の周囲に狭軌鉄道の保存を目的に、博物館と約 4.5 km + α の狭軌路線を運営

11

ロッテルダムシティツアーライン 10
「ホップオン‐ホップオフ」
(hop on – hop off)

② ベルギー(Belgium)
　ベルギーの首都ブリュッセル(Bruxelle)から北西に位置する東フランドル地方にあるデンデルモンデ(Dendermonde)には、デンデルモンデ＝プールズ蒸気列車(SDP:Stoomtrein Dendermonde-Puurs)の保存蒸機が走る。　こちらもブリュッセル(Bruxelles)から西へ、オランダとの国境に近いエークロー(Eeklo)にはマルデヘム＝エークロー蒸気列車(Stoomtrein Maldegem-Eeklo)保存鉄道があるが、スケジュールが合わなくて次回のお楽しみとする。　南に行くとフランスとの国境に近いチュワン(Thuin)にはトラムを保存運行しているロブ・チュワン保存鉄道(Tramway Historique Lobbes-Thuin)があり、なんとディーゼルトラムと電気トラムの両方が走るのだ。　トラム博物館もありレトロなトラム車両群の宝庫となっている。　南部のワロン地域にあるナミュール州シネイ(Ciney)にはボック川鉄道(Le Chemin de Fer du Bocq)がありベルギー版レールバスに乗車できる。　イベント時は蒸機も登場する。　ベルギー南部にはもう一つ、ディーゼルトラムが鍾乳洞に案内してくれるアン鍾乳洞トラム（Tram des grottes de Han)がある。トラム路線は延長わずか 4 km 足らず、鍾乳洞の入り口まで観光客をトロッコ客車に乗せて牽引する珍しいレトロなメーターゲージ（軌間：1000 mm）のディーゼルトラムである。
③ ルクセンブルク(Luxembourg)
　旅は終盤を迎えベルギー、フランス、ドイツに囲まれたルクセンブルク大公国（Grand Duchy of Luxembourg）に入る。　お目当てはフォン・ド・グラ鉱山鉄道（Minièresbunn)なのだ。　フォン・ド・グラとその周辺地域は、鉄鉱石の採掘と精錬により1世紀に渡り繁栄し、1990 年にはフォン・ド・グラに残る鉱山跡の産業遺産を活用したミネットパルク（Minettpark)と呼ばれる産業鉄道・鉱山パークとして整備されている。　鉱山鉄道にア

プローチするにはトラン 1900（Train1900）という保存鉄道（蒸機、レールバス）に乗車することになる。 鉱山跡を観光する鉱山鉄道へのリレー接続する役目を持つトラン1900 とフォン・ド・グラ鉱山鉄道(Minièresbunn)は産業遺産として一体運営されている。

ブリュッセルには旧トラムを活用したフライドポテト（ベルギーではフリッツ）の店"Le Tram Boitsfort"がある。

デンデルモンデ＝プールズ蒸気列車
(SDP:Stoomtrein Dendermonde-Puurs)
プールズ(Puurs)駅での機廻しに皆注目！

13

私にとっては豪華な夕食　　　　フォン・ド・グラ鉱山鉄道(Minièresbunn)

## 2、マイン川沿いの保存鉄道を求めて、自転車道(Main Radweg)を走る！

　現役時、高度成長時代を機械プラントエンジニアとして環境関連の廃棄物処理に関する破砕機の企画・設計・開発や廃プラスティックの破砕、選別、造粒技術を確立し、マテリアルリサイクルやサーマルリサイクルのプラント設計に携わった。　定年退職後にはこれからの10年は道を変えてみようと、相棒ブロンプトンと二人でドイツ/マイン川やヴェーザー川自転車道を走ることにした。　遠くから蒸気機関車の汽笛が聞こえ、おいでよと誘惑する。　そこで出会った蒸機の牽引する列車に乗車、煙やドラフト音は子供の頃の趣味であった鉄道への興味を思い起こさせてくれ、保存鉄道に夢中となる瞬間でもあった。　車窓からの心地よい煙の匂いと景色は忘れられない。

### マイン川自転車道とその流域を走る蒸機と赤いレールバス達

　定年退職後にドイツマイン川自転車道を駆け抜けた相棒ブロンプトンとの二人旅の足跡を振り返る。　マイン川自転車道（サイクリングロード）は、ADFC（全ドイツ自転車協会）によって、ドイツで初めて五つ星クオリティー・サイクリングルートに選定された、マイン川源流からライン川合流点までのコースである。　二つの源流、フランケンスイスの「赤マイン川」とフランケンの森の「白マイン川」は、ビールの醸造で有名なクルムバッハ(Kulmbach)で合流し、旧市街がユネスコ世界遺産に登録されているバンベルク(Bamberg)に至る。　フランケン地方のワイン地域、ヴュルツブルク(Würzburg)を後にすると、林檎酒(Ebbelwoi)で有名なヘッセン地方に入る。　ここでマインは大都市フランクフルト市街や工業地帯を通り抜け、ライン川との合流点マインツ(Mainz)で約524kmのツーリングは終わる。　今回はマイン河畔の中世の佇まいを残す小さな町をフォールディングバイク(ブロンプトン)で訪れる旅。　マイン川自転車道の出発点は日本からアクセスの良いフランクフルト国際空港のあるフランクフルトとし、上流に向かって走るが、川の流れに沿ったルートなので高低差が無くお勧めだ。

ドイツの父なる川といわれるライン川(Rhein)の支流、マイン川(Main)がフランクフルト市街を悠々と流れている。　正式にはフランクフルト・アム・マイン(Frankfurt am Main)と呼ばれ、マイン河畔のフランクフルトなのだが、ブランデンブルク州のポーランド国境に近いフランクフルト・アン・デア・オーダー(Frankfurt an der Oder )と区別しているのだ。　ドイツの商業や金融の中心地で、ドイツ連邦銀行、ユーロを統括する欧州中央銀行の所在地でもある。　その高層ビル群とレーマ広場(Römerbergpl.)の切妻屋根が美しい旧市庁舎や木組みの館は、今と中世文化の香りが融合した独特の都市景観を醸し出している。　フランクフルトも良いがお勧めはお隣のヘキスト(Höchst)地区、ここがフランクフルトかと疑う静かな何故か心が惹かれる小さな町、歴史的にはマインツに属するカトリックが盛んな町だったとか。　なるほど。

　フランクフルト市内とその近郊にはマイン河の川敷沿い路線を 01 型蒸機やディーゼル牽引の列車が走る何とも珍しいフランクフルト歴史鉄道協会(Historische Eisenbahn e.V.)が運行する保存鉄道がある。　また、フランクフルト市内にある公園内の路線が見えない芝生の上を走るというこちらも珍しい不思議な蒸機、軽便(簡易)鉄道博物館(Feldbahnmuseum) がある。　もう一つは、フランクフルトの南方向 30 kmに位置する歴史ある街、ダルムシュタット(Darmstadt)の鉄道博物館(旧機関庫)ではフェスティバル開催と同時に「真っ赤に燃えるエリーアス(Feuriger Elias)蒸機」が街中を駆け抜けるという蒸機トラム、こちらも珍しい光景が見られる。

　このフランクフルトから葡萄栽培やフランケンワインの醸造が盛んなフォルカッハ(Volkach)までのマイン川自転車道297 kmを走る。　因みに、鉄道好きの熟年男が目的地をフォルカッハとしたのは、赤いレールバスが保存鉄道として蛇行するマイン川畔の

マイン川の河川敷を走る港鉄道(Hafenbahn)　ハーフェンバーン

15

**マインシュライフェン（マイン川湾曲）鉄道**
(Volkacher Mainschleifenbahn)

　葡萄畑に沿って走っているから。葡萄畑とワインで良く知れたフランケン地方の中心都市、マイン川沿いの古都でもあるヴュルツブルク(Würzburg)、その北東約22kmに位置し、マイン川が大きく蛇行、周辺にはブドウ畑が広がる人口約1万人のフォルカッハ(Volkacher)という小さな愛らしい街に魅せられ幾度も訪れている。　本書では、マイン川沿いの保存鉄道を折り畳み自転車で訪ねた懐かしい旅を振り返る。　マインシュライフェン鉄道、フランクフルト軽便鉄道、ダルムシュタット蒸機トラムの詳細は「ドイツ蒸気機関車2」、マイン川の河川敷を走る港鉄道は「蒸気機関車3」を見て頂きたい。

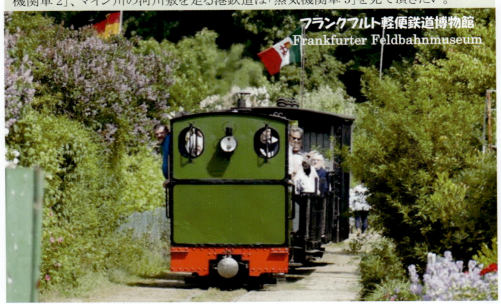

**フランクフルト軽便鉄道博物館**
Frankfurter Feldbahnmuseum

レープシュトック公園
(Rebstockpark)
内を駆け巡る蒸機

フランクフルト軽便鉄道博物館
Frankfurter Feldbahnmuseum

真っ赤に燃えるエリーアス(Feuriger Elies)
蒸気トラムは走る！ダルムシュタットの街中を

# 第2章 ベネルクス3国保存鉄道

## Amsterdam(アムステルダム)のトラムとGantlet(ガントレット)単複線

オランダの首都アムステルダム。 運河の街並み散歩やカフェ巡りも良いが、今回は街中を縦横に走り回るトラムに照準を当ててみた。 ショッピング街には道路との併用路線があり、トラムと人や自転車が共存共栄している様は驚くばかりである。 賑やかなライツェ通り(Leidsestraat)の道路の狭い部分では、運河に架かる橋の上を停留所にしている。 その停留所ではトラム路線が単線から複線になるのだが、なんとポイントの切り替えがないガントレット(Gantlet：単複線)と呼ばれる珍しい4線軌条があるのだ。 運河を渡る橋では幅を広げ停留所を設けて、すれ違いを行っている。

トラムと人と自転車をテーマに、ライツェ通りのガントレット、そして運河と跳ね橋の撮影を始めよう。 アムステルダム中央駅からトラム路線に沿って、ショッピング・ストリートを歩き、新教会、王宮、ダム広場、ライツェ広場へとトラム撮影三昧だ。 トラムの運営はアムステルダム市営交通公社、路線網はアムステルダム中央駅とダム広場を中心にした放射状路線と、それらに直交する環状路線からなり、16系統が運行され、その総延長は80.5 kmである。

# アムステルダム路面電車博物館 Electrische Museumtramlijn Amsterdam

www.museumtramlijn.org
モデル352 プラハの路面電車 1915年製造

　アムステルダム保存電気軌道の乗り場に行くには、アムステルダム中央駅前からトラム(路線№2,12系統)で乗車時間約20分。Amstelveenseweg停留所で下車し約6分程歩くと、アムステルダム路面電車博物館(Electrische Museumtramlijn Amsterdam)に着く。
ここには旧ハーレマーメーア駅舎が残され今では博物館となり、かつてはハーレマーメーア鉄道路線(Haarlemmermeerspoorlijn)の始発駅があった。 このハーレマーメーア駅跡(Haarlemmermeerstation)− アムステルフェーン(Amstelveen) − ボーフェンケルク(Bovenkerk)間を利用し保存路面電車が走るアムステルダム保存電気軌道(Electrische Museumtramlijn Amsterdam) があるのだ。

　アムステルダムやその他の都市で使用されていた旧路面電車が4月から10月末まで毎週日曜日や祝日などに運行している。特別に系統番号として30が使われている。
博物館前の広い道アムステルフェーンセ通り(Amstelveenseweg)のロータリーから少し西にハーヴェン通り(Havenstraat)へ入ると保存路面電車の乗り場、ハーレマーメーア停留

20

所(Haarlemmermeerstation)がある。 1975年、保存路面電車が路線約 1.5 kmで運行を開始、その後旧鉄道路線を利用して徐々に伸延、現在路線はボーフェンケルク(Bovenkerk)までの 7 km(軌間：1435mm)を保有している。 路線の特徴はアムステルダム自慢のレクレーションエリアであるアムステルダムの森(Amsterdam Forest)に沿って走るので途中下車しウォーキングも良い。

博物館の敷地は、オランダ国内のアムステルダム、ロッテルダム、ハーグ、フローニンゲン、ユトレヒトやウィーン、プラハなどヨーロッパの都市から集められた路面電車コレクションとなっている。 これら路面電車群は、およそ1910年から1960年の間に製造された貴重な鉄道遺産である。 アムステルダム路面軌道博物館の事業主体はアムステルダム保存電気軌道(EMA)財団で、路面軌道を運行し、運営と保守作業を担っている。 運転手、車掌、信号係、整備士、修復作業等は全てボランティアであり、ボランティアの拠点となっているのは、電気軌道博物館運営協会（vereniging Rijdend Electrisch Tram Museum, RETM）である。

訪れた 2023 年7月、道路(A9)拡張工事のためアムステルフェーン(Amstelveen)のパークラーン(Parklaan)までの運行となっている。

ハーレマーメーア停留所（始発）
(Haarlemmermeerstation)

路面電車の運行は 2 種類の系統がある。No.30 系統は Haarlemmermeerstation（ハーレマーメーア停留所）から Parklaan（パークラーン停留所）までの往復、11:00 発から 17:00 発の間に 2 運行/H となり片道の所要時間は約 25 分。同じく路面電車博物館のハーレマーメーア停留所から街の中心でもあるダム広場(Dam)を経由して周回で帰るコースNo.20 系統もある。

館内カフェ掲示
旧ハーレマーメーア駅舎と蒸機の時代

モデル 352 プラハの路面電車 運転席

旧ハーレマーメーア駅舎

HISTORISCHE TRAMRIT AMSTERDAM

モデル454 アムステルダムの路面電車 1929年製造

モデル454 アムステルダムの路面電車

# アムステルダム路面電車博物館（ホテルベルディーからアプローチが便利）
## Electrische Museumtramlijn Amsterdam

モデル 816 路面電車　オランダ 1927 年製造

ホテル・ベルディー(Hotel Verdi)に前泊し、運行当日は公園内を散歩しながら 30 分なので訪れたい。 又、ファン・バーレスラート(Van Baerlestraat)停留所からトラム(№2 系統 15 分間隔)に乗車すると、約 13 分で Amstelveenseweg 停留所に着く。 南に 8 分程歩くとロータリー交差点の右奥に旧駅舎の博物館が見える。 保存鉄道の乗り場は駅舎の裏、路線端はループとなっているので方向転換しないで出発。 大きなアムステルダムトラム総合基地があり、横目に見ながら工場に挟まれた狭い併用路を抜けてパークラーン(Parklaan)に向けて走る。

工場に挟まれた狭い併用路を抜けてパークラーン(Parklaan)に向けて走るプラハの路面電車モデル352

整備工場の敷地内には台車や車輪が山積み

## ライデン・カトウェイク蒸気列車(Stoomtrein Katwijk Leiden)
オランダの狭軌鉄道遺産として、ライデン近郊にあるファルケン湖の周囲に
狭軌鉄道の保存を目的に、博物館と約 4.5 km + α の狭軌路線(軌間:700mm)を運営
https://stoomtreinkatwijkleiden.nl

　オランダ/アムステルダム中央駅(Station Amsterdam Centraal)からオランダ鉄道(Nederlandse Spoorwegen)🚆で南へ約 35 分、ライデン駅(Leiden Station)に着く。　ライデンの街で見どころは、幕末の長崎出島に医師とし派遣されたドイツ人シーボルトが集めたコレクションを展示する日本博物館シーボルトハウス(Japanmuseum SieboldHuis)と、彼が日本から持ち帰ったイチョウ、カエデ、フジなどが大切に植えられているライデン大学植物園。　長崎市の花にもなっている「紫陽花」は、出島のオランダ商館医であったシーボルトのお気に入りの花。　シーボルトが愛した妻「お滝さん」から「オタクサ」と名付け、ヨーロッパに伝えたあじさいを探してみよう。　オランダと日本のかけ橋でもある日本博物館シーボルトハウスの庭にある。　日本とのゆかりの深いこの街に狭軌保存 SL が走る。

　南ホランド州(Zuid-Holland)の北海に面したカトウェイク・アーン・ゼー(Katwijk aan Zee)は海辺の砂丘が美しく、太陽と海や日光浴を求めて老若男女がやってくるシーサイドリゾート地でありサマーシーズンにはビーチが賑わう。　ライデン・カトウェイク蒸気列車が走る博物館はその海岸から少し内陸部、ライデンの街から北西に位置したファルケンブルフ(Valkenburg)にある。　狭軌鉄道の保存を目的に、ファルケンブルフ湖(Valkenburgse Meer)の周囲には博物館と約 4.5 kmの狭軌路線(軌間:700mm)が敷かれ、オランダ狭軌鉄道財団(Nederlandse Smalspoorweg Stichting )と国立狭軌鉄道財団( Stichting Nationaal Smalspoor)が運営し約 140 名のボランティアで構成されている。　博物館は利益を上げることを目的としたものでなく、狭軌鉄道という鉄道遺産を後世に伝えていくコミュニティーセンターとしての役割を担っている。

Stoomtrein Katwijk Leiden ホームページ

歴史を感じる駅舎(Valkenburg ZH)から出発

20世紀の前半には、狭軌(ナローゲージ)鉄道網はオランダ国鉄をしのぐほどの総延長路線を有し人や製品の輸送において重要な役割を果たし、多くの企業に原材料や完成品の輸送を提供していた。　又、道路や堤防、運河等の建設に必要な資材輸送や製紙、機械、泥炭採掘工場、煉瓦製造、造園作業、鉱山等の各企業が自社で工業用狭軌鉄道を保有するようになった。　市街地では電化され路面電車、郊外の非電化区間は蒸機トラムやディーゼルカーが走っていた。　しかし1960年代には乗客輸送のトラムはバスに置き換わり廃止となる。　工業用蒸機トラムは引き続き使用され、順次ディーゼル機関車に置き換えられることになるが、その間に狭軌鉄道の全盛時代が終了を迎える。

　それに合わせたかのように1970年にオランダ狭軌鉄道財団(NSS)が設立され、廃止された貴重な蒸気機関車やディーゼル機関車、車両を収集保存する受け皿を確保することができた。　かつてライデン砂丘運河会社(Leidsche Duinwater Maatschappij)が貨物輸送に使用していたカトウェイクの砂丘を通る狭軌線の上を、1973年から蒸気列車が走った。　会社が、オランダ狭軌財団(Nederlandse Smalspoorstichting)の鉄道愛好家に、村の中心部近くにあるフリーゼ・ウェイ Friesenweg(Vrieze Wei)の停留所から砂丘を通って、20世紀初めに製造されたトラムや蒸気機関車と自家製の車両を走らせることを許可したのである。　しかし80年代の終わりには森林管理局の指導があり、徒歩の観光客も狭軌線の列車も、火災の恐れがあるとして砂丘を通り抜けられなくなり、1992年に最後の蒸気列車が走り終末を迎える。

　そこで、国立狭軌鉄道博物館(Schmalspurbahn-Nationalmuseum)の保有する車両の動態保存するために新線を建設する必要性があり、新組織が設立された。　1年後には、ファルケンブルフ湖(Valkenburgse Meer)に面した新しい狭軌路線(700 mm)が完成。　1995年には国立狭軌鉄道博物館が開館し、多数の蒸気機関車やディーゼル機関車その他の車両が展示されており、2003年にはいくつかの機関庫をもつ野外博物館が造られた。　保存列車の起点は、近代的な博物館の隣に歴史様式で建てられたファルケンブルフ駅(Valkenburg ZH)である。　列車はファルケンブルフ湖の周囲を左回りに走り、途中列車交換できる駅で休憩タイムの後、始発駅へと湖を一周する。　この後、駅横の古い機関庫内からディーゼル機関車がトロッコを連れて鉄道遺産のお宝を大切に保存している保管庫へ、そこで修復車両を見学することもできる。　訪れた2023年夏には湖を周回できる路線となっていたが、以前はヴァッセナール・ヴェタリング(Wassenaarse Wetering)駅で折り返し戻っていた。　2006年にカトウェイク市議会との間で将来には狭軌鉄道を砂丘に向かって伸延するという合意に達し、飛行場が廃止されその跡地を利用して数kmの路線(＋α)延長し周回路線となったようだ。

今日の担当蒸機は1928年製造8号機

27

ライデン・カトウェイク博物館へのアクセスは、ライデン中央駅(Leiden Centraal)から Den Haag via Wassenaar 行きの路線バス(No.43 系統)で約 10 分、バス停(Haagse Schouw)で下車し徒歩 10 分で博物館に着く。（因みにライデン中央駅の隣駅 De Vink からだと徒歩 30 分）

　4 月から 10 月まで主に週末の土曜と日曜日、7 月と 8 月は火曜日と木曜日にも開館している。 11 月と 12 月末には特別イベントも開催され、通常 AM10:30〜PM4:30 まで開館となる。
ファルケンブルフ湖沿いを走る蒸機機関車牽引列車の出発は、11:00、12:00、13:00、14:00、15:00、16:00。 ディーゼル機関車牽引の列車は 11:40、12:40、13:40、14:40、15:40 となりどちらも乗車時間は約 30 分。 尚、ディーゼル列車は 4 月〜9 月末までの運行となる。 チケットは終日有効で大人 12€、乗り放題、屋内外の博物館にも入場できる。 保存されている車両群には 19 両の蒸気機関車が含まれており、その内運用中のものは、1 号機関車(O&K 社 1928 年製)、4 号機関車(O&K 社 1937 年製)、5 号機関車(O&K 社 1922 年製)、今回乗車した 8 号機関車(ヘンシェル社 1928 年製)。 ディーゼル機関車は約 80 両を保有している。

28

途中駅での休憩タイム
8号機関車 1928年製造
Henschel & Sohn, Kassel 社

ファルケンブルフ湖
(Valkenburgse Meer)

8号蒸気(軌間:700mm)は
人気者

駅から南に見える車庫は見学可能

　駅舎前から11:00発の8号蒸気機関車牽引の列車でファルケンブルグセ湖を周回し戻る。駅から南に見える車庫を見学後、駅の東隣にある薄暗い車庫内から11:40発のディーゼル機関車牽引のトロッコに乗れば鉄道遺産保存庫へ案内してくれる。どちらも30分程度のショート旅気分である。この可愛らしいディーゼルは1955年ドイツの軽便鉄道メーカーのArnold Jung, Jungenthal (D)で製造、1987年ライデン・カトウェイク博物館にやってきた。型式EL110、水冷ディーゼルエンジンを搭載、速度13 km/hで走る。このタイプの愛称ユングJung(EL110)は1934～1956年の間に合計760台製造されているそうだ。

8号機関車出発前の給水作業

ディーゼル機関車牽引トロッコの行き先は！

機関車連結作業

湖畔レストラン
(Stoomtrein Katwi)

車庫

博物館・整備工場

トラバーサー
(車両横移動装置)

行き先案内の説明

ファルケンブルグセ湖
Valkenburgse Meer

バス停から徒歩10分
(Haagse Schouw)

駐車場

蒸機SL
出発

駅舎

車庫
ディーゼル
出発

レストラン
Brasserie Buitenhuis

VALKENBURG ZH

鉄道博物館
(Stoomtrein Katwijk Leiden)

車庫

31

　ディーゼルエンジン音を吹かし、機関車ユング(Yung)が連れていってくれたのはお宝満載の車両保存庫だった。　収集したオランダ狭軌鉄道の大切な鉄道遺産群を、スタッフはオランダ語で熱心に説明してくれるがうなずくだけの私。　修復中の機関車や修復を待つ貨車が所狭しと保存されているのには圧倒される。　オランダの鉄道遺産を後世に伝えていくという取り組みは歴史の重みが感じられ、ボランティアスタッフの表情は皆生き生きとして、仕事に愛着を感じているのが羨ましい。

機関庫内に入り驚いたのは、仕事場である作業スタッフの机にはコーヒーがカップと共に準備されていること。良い仕事をするにはこのくらいの余裕が欲しい、この考え方を日本に導入したいものだ。興味ある実稼働中の2機種を紹介する。 No.1蒸機「Marijnke」は 1928 年製造の Orenstein & Koppel,Kassel 社製,馬力:30HP,軌間:700mm,総重量:7600 kg,速度:15 km/h。 No.4蒸機は1937年製造の Orenstein & Koppel, Berlin-Drewitz (D)社製,馬力:50HP,軌間:700mm,総重量:8800 kg,速度:25 km/h の諸元を持つ。

No.50 蒸機 1936 年製造
Orenstein & Torque,
Berlin-Drewitz (D)

No.1 蒸機 1928 年製造

No.4 蒸機 1937 年製造

博物館内に保存されている車両群のなかで特に興味を抱いたのは、蒸機トラム「Silvolde」。18世紀の終わりに、オランダでは蒸機トラムの時代が始まる。 オランダ東部のヘルダーラント(Gelderland)でも例外でなく狭軌路線(軌間750mm)が建設され、蒸機トラムが客車を牽引し街中を走り、近郊の町や村を繋ぐ狭軌鉄道網を完成していたのには驚きである。 蒸機トラムとは客車や貨車を牽引し、路面電車のように道路上に線路が敷設された併用軌道を走るので、ボイラーや駆動足回りを屋根付きの車体とスカートで覆い蒸気機関車らしくない姿、前後方向に運転ができるように運転台は中央の横に配置している。 ライデン・カトウェイク博物館に保存されている蒸機トラムの名前は「Silvolde」、1900年製造の Backer＆Rube,Breda(Machinefabriek Breda)社製である。 馬力：40HP、軌間：750mm。 かつて、東ヘルダーラント地域の狭軌鉄道で走り回っていた貴重な蒸機トラムの鉄道遺産を展示していることが博物館の誇りとなっているのだ。

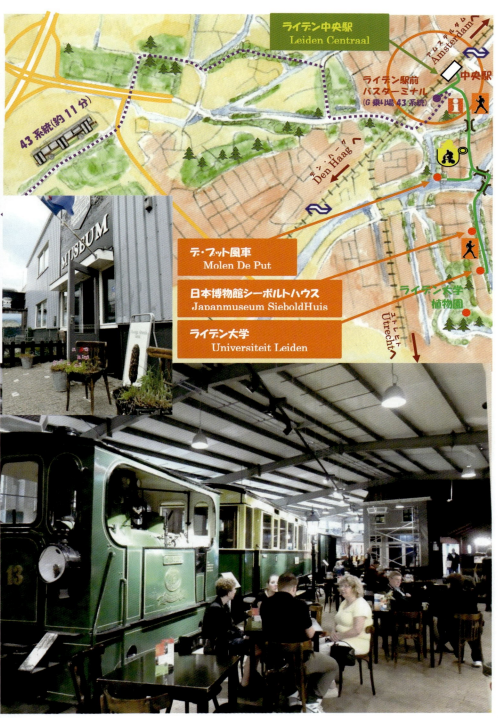

# スタッズカナール保存鉄道（Museumspoorlijn, Stadskanaal）

Veendam～Stadskanaal～Musselkanaal 間の旧鉄道線(25km)
オランダで最も長い保存鉄道線（軌間：1435㎜）
過去の素晴らしい鉄道遺産を引き継ぎ、過去があってこそ今がある保存鉄道
www.stadskanaalrail.nl

　アムステルダム中央駅(Station Amsterdam Centraal)から北東へ、オランダ鉄道(Nederlandse Spoorwegen)のICインターシティで約3時間(1～2回乗り換え)、フローニンゲン州の州都にあるフローニンゲン(Groningen)駅に着く。フェーンダム(Veendam)行きの列車に乗り換え約30分でフェーンダム駅に着く。駅前の南にあるバスターミナルから路線バス(№.74系統)に乗車し、約30分でバス停 Stadskanaal, Stationsbrug で下車。スタッズカナール運河(Stadskanaal)に架かる橋を渡り徒歩2分で保存鉄道スタッズカナール(Museumspoorlijn STAR Stadskanaal)駅に着く。アムステルダムからだと移動時間がかかるのでフローニンゲンに前泊しアプローチがお勧めである。

　この保存鉄道はフェーンダム(Veendam)からムッセルカナール(Musselkanaal)に至る路線であり、北東地方鉄道（NOLS Noordosterlocaalspoorweg）とフローニンゲン＝ドレンテ鉄道会社（Groningsch-Drenthsche-Bahngesellschaft）のスタッズカナール＝テル・アペル国境鉄道（STAR Stadskanaal-Ter-Apel-Rijksgrens）によって1905年に造られた鉄道網の残区間である。その年、カスティング(Casting)がスタッズカナール(Stadskanaal)と鉄道で接続された。後に路線はエメン(Emmen)からスタッズカナールへ、スタッズカナールからフェーンダム(Veendam)へと延伸された。スタッズカナールは重要な鉄道結節点に発展したが、舗装道路網が整備されモータリーゼーションのあおりを受け1955年に旅客輸送が廃止、1990年には貨物輸送も廃止された。

　新たな財団、スタッズカナール・レール財団(STAR Stichting Stadskanaal Rail)が、鉄道を産業文

ドイツ製 52 型蒸気がここオランダで大切に保存され活躍しているのには驚きだ！

型式 52 8060-7 号機、1943 年ドイツ Arnold Jung Lokomotivfabrik GmbH 社製造

化財として保存するために1992年に設立された。 1994年に、蒸機機関車「エマ（Emma）」が初めて煙と蒸気を噴き上げ標準軌線で運行、蒸機機関車「アンナ（Anna）」も南ドイツからやってきた。1997年にはオーバーホールが完了した「アンナ」は主力機関車として、「エマ」と共に活躍することになった。 1998年にはスタッズカナール駅に新たに駅舎を完成、この駅舎は1970年代後半までこの場所にあった旧NOLSの建物を復元したものである。

　保存鉄道 STAR は、フローニンゲンとドレンテの州境沿いにあるフェーンダム～ムッセルカナール間の旧鉄道線25kmで保存列車を走らせており、オランダで最も長い保存鉄道線である。

| Stadskanaal – Veendam – Gele dienstregeling | | |
|---|---|---|
| Stadskanaal – vertrek | 10.45 | 14.00 |
| Bareveld * | 11.05* | 14.20* |
| Wildervank – vertrek | 11.15 | 14.30 |
| Veendam – aankomst | 11.25 | 14.40 |
| Stadskanaal – Veendam – Gele dienstregeling | | |
| Veendam – vertrek | 12.00 | 15.10 |
| Wildervank – vertrek | 12.10 | 15.20 |
| Bareveld * | 12.20* | 15.30* |
| Stadskanaal – aankomst | 12.40 | 15.50 |

2023年7～8月、訪れた7/26(水)はイエローの時刻表となり2往復の運行 （www.stadskanaalrail.nl）

37

列車は、主に7月と8月の水曜日と日曜日、2,3,4,5,6,9,10,11,12月は数日/月の特別運行となる。　ホームページのカレンダーでは黄、緑、赤、青色印の日が運行日となり、各々のタイムテーブルでの運行となる。　ディナー列車、音楽列車、テディベア列車、シンタークラース(サンタクロース)列車、クリスマスマーケット列車、冬の列車など、さまざまな特別運行があり、STAR 貨車は 5 人まで宿泊できる昔の泥炭地の鉱山労働者の住居を再現している。　内部にはガスレンジ付き台所ユニット、薪ストーブ、バスルームやトイレはその時代の懐かしいレトロな雰囲気である。

　バス停 Stadskanaal, Stationsbrug で下車し、スタッズカナール運河(Stadskanaal)に架かる橋を渡る。　実は、跳ね橋なので運が良ければ運河を航行する船が通過する時に跳ね上げる瞬間が見られる。　徒歩2分で保存鉄道スタッズカナール(Museumspoorlijn STAR Stadskanaal)駅に着く。　この駅舎は 1970 年代後半までこの場所にあった旧 NOLS の建物を復元したものである。
　ホームページのカレンダーで黄色と緑のタイムテーブルではスタッズカナール駅から北路線へフェーンダム駅まで蒸機の往復運行、途中の Bareveld 停留所はリクエストストップとなる。　赤色のタイムテーブルではそれに加えて南路線へ、Nieuw-Buinen 停留所までの短い区間だが蒸機とディーゼルの往復運行もされる。　尚、Nieuw-Buinen 停留所からその先のムッセルカナール駅までの路線はあるが整備されていないので今は運行されていない。

スタッズカナールからフェーンダムまでの往復運行を担当してくれる型式 52 8060-7 号機は、1943 年ドイツ/Arnold Jung Lokomotivfabrik GmbH 社製造、1600HP、最高速度 80 km/h、動輪が 5 軸あり威圧感が感じられる貨物用蒸気機関車である。 2005 年末に型式 50 3645-4 とともに、ドイツ/Eisenbahnfreunde Walburg から購入し 2006 年半ばにオランダに搬入、オーバーホール後 2010 年にデビュー予定であった。 しかし、STAR 整備工場での火災により機関車が損傷を受けたが、見事に復活し 2015 年 5 月から運行されているという履歴を持つ。

　早くから訪れたので、強引に機関庫の中に進入。 スタッフに大きな声で挨拶と写真を撮影させて欲しいとお願いすれば、OK という返事！ ドイツ 52 型機関車が眠りから覚めたようだ。 機関士から機関室に上れと声が掛かる。 威圧感があるのは、やはりドイツ製の 52 型貨物用蒸気機関車である。 戦時中ドイツで大量に生産された 52 型蒸気機関車は合理化・簡略化した設計により部品点数を大幅に減らし、各機能・装置の省略・簡素化をしている。 性能や使い勝手、保守を多少犠牲にした設計としているが当時の貨物機関車としては水準以上の完成度であり、1946 年から 1950 年にかけて 7000 両以上も製造されている。 オランダの保存鉄道で大切にされ現役として働く 52 型に出逢えたことは驚きである。 今日の運行はこの蒸機だと説明があり、運行前の忙しい中ありがとう。

型式 52 8060-7 号機、1943 年ドイツ/Arnold Jung Lokomotivfabrik GmbH 社製造

朝早くから強引に車庫を訪問

機関室
に入室

スタッズカナール駅 10:45 発の蒸機牽引列車 8 両編成（貨車 2 両、客車 6 両）に乗車しスタッズカナール運河に沿って北上、オランダ鉄道フローニンゲン方面への接続駅であるフェーンダムを目指し乗車時間は 45 分、11:25 着となる。 フェーンダム駅で折り返しとなり、出発まで時間の余裕が約 35 分あるので皆ランチタイム。 レストラン売店は超混雑なのだ。 戻りはフェーンダム 12:00 発で 12:40 にスタッズカナール駅に着いた。 機廻しをする蒸機を皆と一緒に見送る。 フェーンダムもスタッズカナールの両駅ともレストランは満席。 何とか並んでやっとコーヒーとチーズケーキを確保してホームのベンチでささやかな休憩だ。 やれやれお疲れ様。

フェーンダム
Veendam 駅に到着　次発の乗客で混雑

フェーンダム
Veendam 駅
ワンも乗車するのだ

ランチタイム

蒸機は機廻し作業

Stadskanaal 駅に戻り、蒸機の機廻しを最後まで見送る皆さん

# ハークスベルヘン地方鉄道博物館
## （Museum Buurtspoorweg, Haaksbergen）
Haaksbergen～Boekelo　約10 kmの保存鉄道路線（軌間：1435 mm）

www.museumbuurtspoorweg.nl

　アムステルダム中央駅(Station Amsterdam Centraal)からオランダ鉄道(Nederlandse Spoorwegen)
で東へ約2時間(1～2回乗り換え)、ヘンゲロー(Hengelo)駅に到着。　アムステルダムからドイツの
ハノーファー、ベルリンを繋ぐ国際列車が走る幹線路線の駅である。　中央駅前から路線バス(No.
53系統、1本/h)で約30分乗車、バス停 Haaksbergen, Mr. Eenhuisstraat で下車し約5分歩くと
ハークスベルヘン地方鉄道博物館(Museum Buurtspoorweg, Haaksbergen)に着く。　博物館はオ
ランダ東部オーファーアイセル(Overijssel)州トウェンテ(Twente)地方、ドイツ国境に接するハーク
スベルヘンの町にある。　このトウェンテ地方での鉄道の歴史について紐解いて見よう。

　オランダ最初の鉄道は1839年にアムステルダムとハーレム間に開通し、1880年代に鉄道網が
広がり今に至っている。　しかし、トウェンテ(Twente)とアフテルフク(Achterhoek)間では鉄道が建
設されずに取り残されてしまったのである。　産業革命の結果として輸送の必要性が高まったにも
かかわらず、その地域においても鉄道の必要性があったが予算の関係で鉄道を敷くことはできな
いままとなった。　しかし、1878年に地方鉄道法が施工されたときに、鉄道建設の条件が緩和され
た。　例えば、時速30キロメートル以下とすることで路線構造を軽量化することで、建設費と運営
費を大幅に削減できることになったのである。　この地域での鉄道建設はウィンターヴァイク
(Winterswijk)にある繊維工場のヤン・ウィリンク(Jan Willink)が発起人となり、1881年に鉄道会社
Geldersch-Overijsselsche Local Railway(GOLS)を設立。　この他いくつかの地方鉄道線が設立さ
れその結果、ネットワークは25年間で約230 kmの鉄道線に成長した。

　その後、バスやトラックとの競争や1930年代初頭の世界的危機により地方路線の収益はさらに
減少、トウェンテとアクターフック間の旅客輸送が中止された。　貨物輸送に関しては地方路線の
中でも部分的のみ引き続き運行され、石炭輸送は依然として鉄道にとって重要な仕事であった。
1970年代には石油に換わってからは石炭輸送の需要がなくなり、オランダ国鉄(NS)は貨物輸送を
廃止することを決定。　よって、エンスヘデー(Enschede)- ブーケロー(Boekelo)- ハークスベルヘ
ン(Haaksbergen)間は廃止となるが、路線自体はハークスベルヘン地方鉄道博物館のおかげで保
存されることになる。

　1967年に、鉄道愛好家たちが地方鉄道博物館財団(Stichting MBS Museum Buurtspoorweg)を
設立。　その目的は車両を動態保存し路線も含めた鉄道博物館として維持することであった。　歴
史的な鉄道車両を収集し、可能な限り元の状態に復元しローカル鉄道線で観光運用すること。
もう一つは、歴史的に価値のある鉄道資材を収集し、可能であれば再度使用できるようにしてそ
れらを展示することである。　財団は多くの寄付や支援、ボランティアの献身的な努力のおかげ
で、1900年から1920年にかけてドイツとの国境地域で活躍したオランダの地方鉄道を復元できた
のである。

　現在は、ハークスベルヘン(Haaksbergen)～ブーケロー(Boekelo)間の 10km で保存運行を行
っている。　ハークスベルヘン駅は改修され、現在は博物館として使われており、運行日に開館し
ている。　1884年築の駅舎が修復されただけでなく、機関庫と整備工場が造られ、構内の線路は
転車台で延長され、古い給水塔が当時の設計図に従って再現された。　ブーケロー(Boekelo)のト
タン屋根のホールは、たとえば警報機など、かつて列車運行で用いられたあらゆる機器物品類を
収める展示棟に建て替えられた。　また、ブーケロー駅の入り口には塩を採取するためのボーリン
グ塔が、土地の歴史を思い起こさせる。

　運行日は、4月1日から10月末までの毎週日曜日で、7月は水曜日、8月は火曜日と水曜日も
運行する。　イースター、昇天祭／ネーデルラント蒸気機関車の日、5月の内燃機関の日、6月の

公開日とレゴの日、9月の文化財公開日、10月の秋の蒸気機関車の日、12月の冬季運転日と、年間を通じてさまざまな運行が行われている。

　美食愛好家には、スターシェフが6種のフルコースでもてなす2時間半の鉄道旅行が企画されている。これらの運行は、ほとんどの場合、2月から12月の最終金曜日に行われる。列車の貸切り運行もできるようだ。機関士や機関助士、車掌は、歴史ある大切な伝統的制服を身にまとっておもてなしをしてくれる。

**2023 年ハークスベルヘン地方鉄道博物館の運行日**

- 🟨 Normale rijdag
- 🟥 Evenement of speciale dag
- 🟧 Pop-up ritten Restaurant 't Lansink
- ⬛ WISMAR Railbus arrangement

|  | TREIN 1 | TREIN 2 | TREIN 3 |
|---|---|---|---|
| Haaksbergen Vertrek | 10:30 | 12:45 | 15:00 |
| Zoutindustrie Vertrek |  |  |  |
| Boekelo Aankomst | 10:55 | 13:10 | 15:25 |
| Boekelo Vertrek | 11:40 | 13:55 | 16:10 |
| Zoutindustrie Vertrek |  |  |  |
| Haaksbergen Aankomst | 12:05 | 14:20 | 16:35 |

45

ヘンゲロー(Hengelo)駅前から路線バス(№53 系統)で約 30 分乗車、バス停 Mr. Eenhuisstraat で下車し約 5 分歩くとハークスベルヘン地方鉄道博物館(Museum Buurtspoorweg, Haaksbergen) の駅舎が見える。　地方鉄道博物館は旧ハークスベルヘン駅の建物を 1985 年に購入し復元、駅舎は保存鉄道の始発駅となり、煉瓦造りの外観と内部は古き良き時代のレトロ感が漂い、チケット売り場、売店がある。　オープンテラス席のあるカフェでは列車の発着や乗客の乗り降りする様子を見ることができるので一息休憩しよう。

　構内には古いプラットホーム、5 台の蒸気機関車や 8 台のディーゼル機関車、古典的な馬車や客車等の鉄道遺産が多く収集保存され、19 世紀後半から 20 世紀初頭の地方鉄道会社(Geldersch-Overijsselsche Lokaalspoorweg)がオランダ東部とドイツ間の鉄道輸送をどの様に提供していたかを知ることができる。　A エリアは駅舎、B エリアは保存車両の倉庫、屋外には復元された給水塔、C エリアは車庫と跨線橋があり構内を撮影するには最適なポイントである。

46

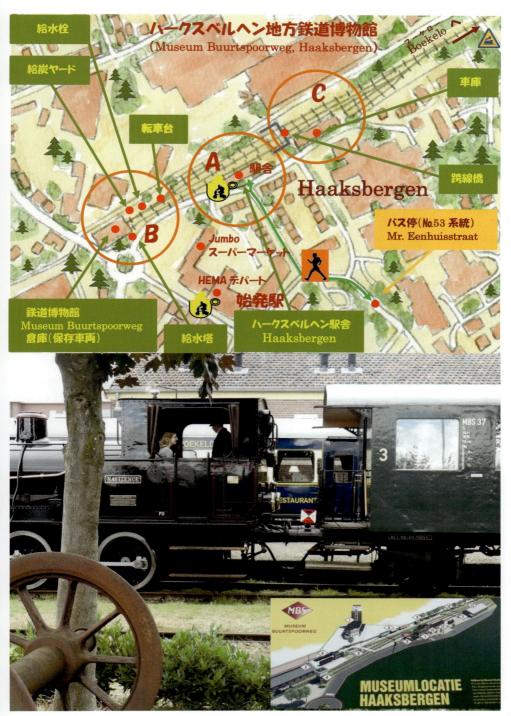

今日の運行を担当してくれるのは、とびっきり目立つピカピカ黒光りのスイス製機関車、1910 年 Maschinenfabrik, Winterthur, Zwitserland 製造、機関車番号 8(型式：7853) 愛称は Tigerli / Navizence である。 スイスのアルミニウム工場に納入され、1982 年まで工場現場で入換機として使用。 同年にマンハイムのバーデンヴュルテンベルク州立博物館に引き取られ、1996 年にハークスベルヘンにやってきた。 10:30 ハークスベルヘン(Haaksbergen)発ブーケロー(Boekelo)行き 7853 がバックで入線し客車の先頭に連結する。 蒸機は自転車やベビーカー専用の貨車と無蓋貨車、客車と食堂車 5 両を連結し、計 7 両編成の車両を牽引する。

倉庫には保存車両が展示され自由に見学できる。 駅舎の傍には跨線橋があり、駅構内全景を撮影できる撮影ポイントである。 構内には転車台、給水栓、クレーン、石炭ヤード、旧給水塔、倉庫、車庫、駅舎と見所は多く、旧 GOLS (Gelderdsch-Overijsselse Lokaal-Spoorwegmaatschappij)鉄道が、このオランダの東に位置するオーファーアイセル(Overijssel)州トウェンテ(Twente)地方では初めて 1884 年にウィンタースウェイク(Winterswijk)－ ヘンゲロー(Hengelo)間とルールロー(Ruurlo)－ ネーデ(Neede)間、 1885 年にはブーケロー(Boekelo)－ エンスヘデー(Enschede)間に路線を開設。 砂地、泥炭地、森林、ヘザーの野原などに囲まれたこの地域に鉄道が走った頃の 19 世紀後半から 20 世紀初頭の時代にタイムスリップできる。

スイス製機関車 1910 年製造、機関車番号 8(型式：7853) 愛称は Tigerli / Navizence

48

機関室内に怪しげな女性が登場、魔女か！

ハークスベルヘン駅舎
Haaksbergen

小さな作業小屋

駅舎内のカフェ

出発前の魔女と機関士

小さな作業小屋はリアルに再現

終着折り返し駅、ブーケロー(Boekelo)に 10:55 着。　戻りは約 45 分後の 11:40 に発車なので蒸気機関車、客車や貨車の修復をしている車庫内部が見学できる。　屋外には貨車やタンク車が保存され、蒸気機関車やディーゼル機関車に出会えることもある。　駅のプラットホームから路線沿いに少し歩くと踏切、その横に小さな可愛い小屋があるのだが不思議発見。　なんとブーケロー駅長室だ。　チケットの販売もしている。　又、ブーケロー駅構内へのポイント切り替えや踏切の開閉作業を行っている。　この踏切周辺にはレストラン、カフェ、スーパーマーケット、なんと観光案内所もある。　プラットホームの奥には博物館があり、なんと屋内奥には子供達に人気の遊園地がある。

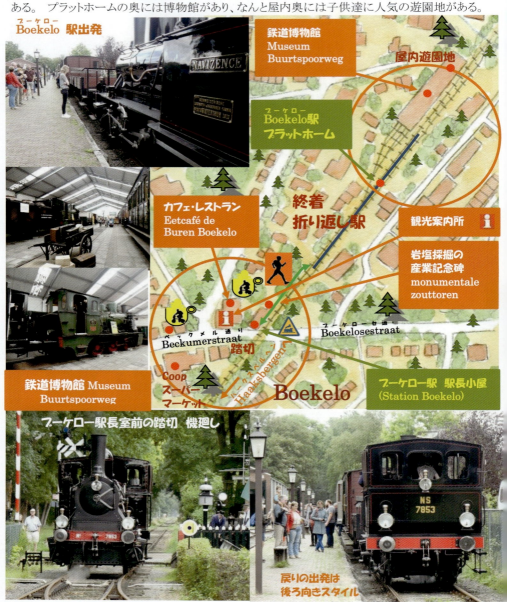

鉄道博物館前の給炭場所ではバケツに石炭を入れ全て手作業で積み込む。　館内に入り特に目を引いたのは 1926 年製造の蒸気トラム。　イベント時には出番があるようだ。　今日の 2 番列車の出発 12:45 になると急に雨が降り出した。　ホーム隣の客車デッキから撮影だ。　出発を見送った後、駅舎のカフェ内に逃げ込み、温かいコーヒーとこちらもハムやチーズの具材を挟んで焼いた温かいホットサンド。　表裏の表面に焦げ目が付きカリカリと美味しい。　オランダ小母さんがテーブルまで運んでくれ美味しいよと、オランダの味を堪能した。

雨降る中、雨にも負けず 2 番列車出発！

1901 年　オランダ製　機関車番号 7
型式：NS8107

1925 年ベルギー製　機関車番号 6　型式：3176

名称：Kikker
オランダで製造された最古の機関車

愛称は Magda

54

1926年製造、機関車番号2
名称：Cockerill / 't Veulentje

蒸機トラムは垂直ボイラー仕様、オランダで唯一の蒸気機関車

## アペルドールン/フェーリュウェ蒸気鉄道協会　https://stoomtrein.org
### (VSM:Veluwsche Stoomtrein Maatschappij, Apeldoorn)
アペルドールン(Apeldoorn)〜ベークベルヘン(Beekbergen)〜ディーレン(Dieren)
オランダの東、デ・ホーヘフェルウェ国立公園が近くにあるアペルドールンが始発駅

　アムステルダム中央駅(Station Amsterdam Centraal)から東へ、オランダ鉄道(Nederlandse Spoorwegen)のICで約1時間、ドイツとの国境からほど近いところにあるアペルドールン(Apeldoorn)駅に着く。 ヘルダーラント州(Gelderland)北部の田園都市として知られ、デ・ホーヘ・フェルウェ国立公園(Nationale Park De Hoge Veluwe)への観光拠点でもある。 オランダ最大の面積をもつ自然保護区であり、野生のウサギやシカが生息する森林と草原が広がる。 園内にはゴッホのコレクションで知られるクレラー・ミュラー美術館(Kröller-Müller Museum)があり、訪れたいが今回の目的は保存鉄道旅なので我慢しよう。

　1975年にボランティア団体として設立されたフェーリュウェ蒸気鉄道協会(VSM Veluwsche Stoomtrein Maatschappij)が、100年以上の歴史をもつアペルドールン(Apeldoorn)からディーレン(Dieren)に至る長さ22kmの標準軌線で、保存鉄道として蒸気列車を運行している。

　ベークベルヘン(Beekbergen)駅が、鉄道博物館の中心施設である。 ここには多数の側線や設備をもつ機関庫がある。 さらに、当時のままの出札窓口がある旧駅舎、大きな転車台、給炭クレーン、給水クレーンほか多数の設備を擁している。

　保存列車は、フェーリュウェ(Veluwe)とアイセルタール(IJsseltal)の美しい景色の中を走る。 運行日は4月中旬から12月で、そのうち4月と5月は特定の日、6月は全日曜日、7月も全日曜日、また7月中旬からは月曜日から金曜日、8月は土曜日を除く毎日、9月は全日曜日、10月は日曜日と他に4日、11月は3日と12月は4日だけとなる。 詳細はホームページのカレンダーに色で種別した案内がある。 昇天祭、ハロウィーン、クリスマスに特別運行があり、パンケーキ列車、日曜ランチ列車、鉄道と航路を乗り継ぐツアー、全国蒸気機関車の日、蒸気機関車フェスティバルとい

雨にも負けず！　お父さんは家族サービスのつもり、チケット売り場へ

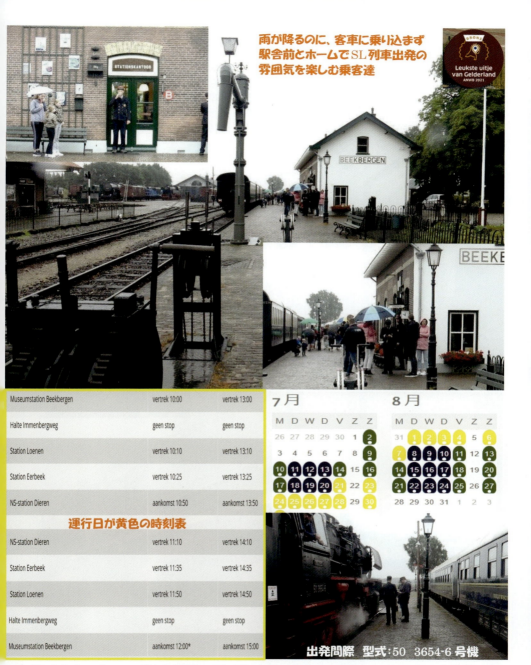

った催しもある。　今日の天気は本降りの雨。雨にも負けず乗車を楽しみにやってきた家族連れや鉄道ファンが押しかけて来た。　チケット売り場は踏切から駅ホームに向かって左側にある駅事務所、早くから行列で並ぶことになった。　チケットを購入した乗客は踏切を渡り駅舎のあるホームへ移動し、雨降る中賑やかだ。

ベークベルヘン（Beekbergen）駅では、アペルドールン・フェリュヴェ蒸気列車のハブ基地となる機関庫や駅舎が出迎えてくれる。 蒸機列車の運行カレンダーで黄色印の日は、ベークベルヘン（Beekbergen）からディーレン（Dieren）までの2往復/日運転される。 この時期2往復のみなので朝一番の列車に乗りたい。 ベークベルヘン駅に行くにはアーペルドルーン駅前のバス停（Apeldoorn Station)A番から路線バス(№.510系統)に乗車し約15分、Lieren, Tullekensmolenweg停留所で下車、徒歩約5分で駅に着ける。 毎年9月第一週目の週末にはオランダ最大の蒸気機関車祭り「テーマ:あの頃へ」がここベークベルヘン駅で開催されるので狙い目だ。

ベークベルヘン
Beekbergen 駅

型式:50 3654-6号機 ドイツ 1942年製造

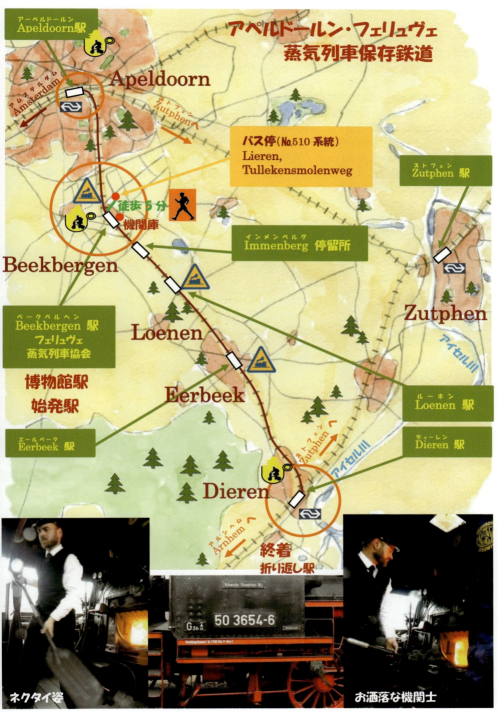

ベークベルヘン（Beekbergen）駅は機関庫、整備工場、転車台、石炭ヤードのクレーン、給水栓、古い駅舎と売店を備えた博物館の機能を有している。　構内では屋外保存されている宝物の車両群、修復を待つ車両、機関庫内では整備中の蒸機やディーゼル機関車が間近で見学できる。　VSM は蒸気機関車 20 台、ディーゼル機関車 23 台程保有し、何時もはベークベルヘン（隣のルーネン近く）にある工場やアペルドールンの工場で整備・保管・保存され、特別運行日に出庫し活躍するそうだ。　蒸気機関車の多くはドイツ連邦鉄道(Deutsche Bundesbahn)から譲り受けた機種であるが、ポーランドから 2 台とオーストリアから 1 台も保有している。　今日運行を担当してくれる 50 型 0073-2 号機は構内の待機スペースで点検整備中。　どうやら完了したようでスタッフからも笑顔がこぼれる。　1943 年ドイツ/Franco Belge 社製造、1600 HPの貨物用蒸機機関車、最高速度は前方 80 km/h・後方 50 km/h の性能を持つ。　ドイツ国有鉄道で最も成功した機関車の１つで、1948 年までにこのシリーズの総合計 3,164 台の機関車が製造された。　機関庫から朝一番の上りアペルドールン行きは後向きスタイルで出発。　アペルドールン駅では機廻しをして前向きスタイルで戻り、オランダ鉄道との接続駅ディーレンに向け走る。

ベークベルヘン(Beekbergen) 駅構内で
ターンテーブルで 50 3654-6 号機お披露目

雨にも負けず 50 3654-6 号機との会話やスキンシップを楽しむ

61

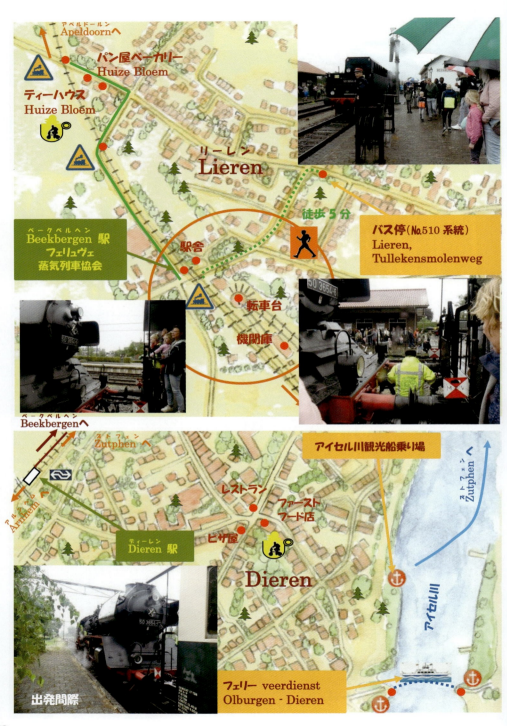

ディーレン（Dieren）駅で機廻し、後ろ向きで出発

2番列車が出発すると、
駅は静けさを取り戻す
ベークベルヘン(Beekbergen)駅

雨降る中Beekbergen 駅を出発する2番列車

今日の2番列車が小雨降る中Beekbergen 駅を出発
合図を送ると機関士も！

小雨降る中Dieren 駅に向けてBeekbergen 駅を出発

## デン・ハーグ(Den Haag)からトラムでお隣のデルフト(Delft)へ
### デルフト生まれの画家、フェルメールに会いに行こう！

　デン・ハーグにはハーグ公共交通博物館がある。　デン・ハーグ HS 駅(Station Den Haag Den Hollands Spoor)からトラム(路線№9,11,12 系統)で乗車時間約 5 分と近く、二つ目のワウウェルマン停留所(Wouwermanstraat)で下車すると目の前が博物館、歩いても 16 分程である。　博物館は路面電車の停留所であるパラレルウェグ(Parallelweg)にあり、毎週日曜日の午後 12 時 30 分から午後 5 時まで開館している。　日曜日の午後のみということでスケジュールのやりくりが大変だが、それだけ訪れる価値はある。　また、毎月の日曜日に博物館から直接出発するレトロな博物館トラムが 12:45,1400,15:15 発の 3 回運行され、行き先は月の各日曜日ごとに変わり、フォールブルク(Voorburg)、マドローダム(Madurodam)、デルフト/ライドシェンダム(Delft / Leidschendam)、スヘフェニンゲン港(Scheveningen Haven)等に連れて行ってくれ、乗車時間は 90 分となる。　チケットは博物館のみ 7.5€、博物館とトラム/バスのコンビ 10.5€、博物館で購入できる。　もう一つの楽しみは、レトロなトラムでハーグの街散歩ができるツーリストトラムが運行され、街の中心から海岸沿いのリゾート地スヘフェニンゲンとの間を周遊する観光トラムである。　Hop-on Hop-offという乗り降りが自由なのが嬉しい。　ハーグ公共交通博物館(HOVM)によって運営され、ハーグの公共交通機関の歴史を存続させることを目的としている。　レトロトラムは 30 台保有、ツーリストトラムの運行と博物館はボランティアによって運営されノスタルジックな路面電車で昔にタイムスリップさせてくれるのだ。

66

使用車両はクリームの本体にグリーンの帯塗装を施した歴史ある色とし1957〜1971年に使用されたPCCカー(PCC-cars)である。 2023年では4月16日〜11月26日まで、主に春から夏の土曜日と日曜日にセントルム(Centrum)発10:15から17:15までの間に1時間毎運行している。 観光トラムのホームページで運行日を確認の上、ウエブ予約が必要である(https://touristtram.nl/)。

旅のスケジュールの都合で訪問は次回のお楽しみとし、デン・ハーグHS駅前からトラム(№1系統)でデルフト(Delft)へ、デルフト生まれの画家「フェルメール」に逢いに行くことにした。 デルフト・デ・ロース風車(Molen de Roos)とトラムをセットで撮影しようと途中の停留所(Nieuwe Plantage)で下車。 風車の内部はパン工房(ワークショップ)、コーヒーやランチもできる。 オープンは5月から9月の水、木、金、土、9:00〜17:00となっている(https://bijderoos.nl/)。

## フェルメールの足跡を探し求めてデルフト(Delft)街散歩

　お隣のデン・ハーグの Den Haag, Station Hollands Spoor 駅前の電停からトラム(№.1系統)に乗車し約20分で Delft Station 停留所に着く。　デルフトの街を訪れたのには理由がある。　一つはフェルメールが描いた「デルフトの眺望」に魅せられ、夕暮れ時のフェルメールブルーに染まる新教会と係留されている船を背景に撮影。　二つめは、かつて壁で囲われた街で現存する14世紀に造られた唯一の東門(Oostpoort)と跳ね橋(今回は曇り空)。　三つめは、かつてデルフトで稼働していた18の工場の中で唯一残っている製粉工場であるデルフト・デ・ロース風車(Molen de Roos)。　イベント時には風車を稼働させ穀物を小麦粉に粉砕する実演もある。　開館は木、金、土と日曜日だが開館時間はホームページ(https://molen.molenderoos.nl)で確認が必要。　街散歩の締めくくりはフェルメールの芸術作品だけを扱う小さな美術館「デルフト・フェルメール美術館」(Vermeer Centrum Delft)へ向かう。　フェルメールブルーと呼ばれる、その画家の名を冠した青い顔料はラピスラズリという鉱石を原料とする色で館内に顔料が展示されている。　フェルメールがこよなく愛した……。

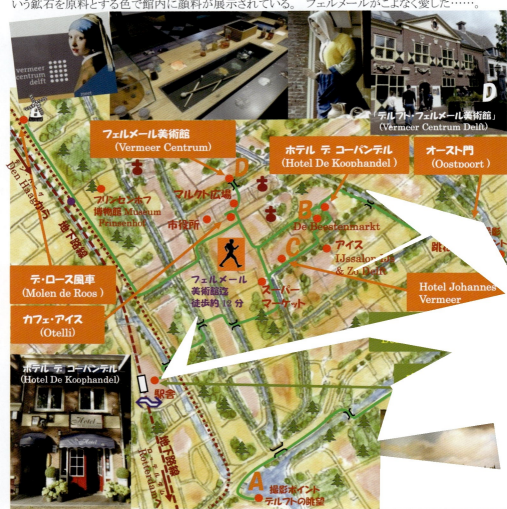

68

C ホテル ヨハネス フェルメール前 運河の朝
(Hotel Johannes Vermeer)

ホテル デ コーバンデル 前の広場
De Beestenmarkt

B

フェルメールが描いた「デルフトの眺望」

A

現存する14世紀に造られた唯一の東門(Oostpoort)と跳ね橋

69

ホテル ヨハネス フェルメール
(Hotel Johannes Vermeer)
運河に浮かぶボートカフェ

「デルフト・フェルメール美術館」
(Vermeer Centrum Delft)

デルフト市役所(Stadhuis Delft)前のマルクト広場のひと時

Otelli カフェ・アイスクリーム

# ロッテルダム 路面電車博物館・シティ「ツアートラム」と街歩き
## Stichting RoMeO (Rotterdams Trammuseum)　　www.rovm.nl/nl/museum

　路面電車財団(tramway foundation)は、1904年にデルフスハーフェン(Delfshaven)の車両基地に博物館を開設した後、2010年にヒルレーゲルスベルグ(Hillegersberg)の路面電車車両基地に移転。2014年に大規模な改装を経て再オープンしている。　運営するロメオ財団(RoMeO)は1997年に設立され、その博物館には、かつて市内で使用されていた代表的な約60両の路面電車を保存、その約半分が完全に復元運用されている。　その他20台のレトロなバスや地下鉄車両等も保存している。 開館は決められた土曜日のみの 10:00〜16:00、ホームページで確認が必要だ。　2023年度のオープンは4/1,5/6,6/3,7/1,8/5,9/2,10/1,11/1の8日/年となり、入館料は市内から直接アプローチできる歴史あるレトロなトラムやバスの往復乗車を含め5€である。

　路面電車博物館のオープン日には、特別運行としてロッテルダム中央駅から歴史的なトラムで、アレクサンダー(Alexander)、カペルスブルグ(Capelsebrug)、クラリングスズーム(Kralingse Zoom)の各停留所を通り、博物館に直接乗り入れる特別運行がある。　博物館到着後チケットを購入するが、トラム運賃は博物館への入場料に含まれている。　ロッテルダム中央駅トラム乗り場E(路線№11)からの出発(Rotterdam Centraal, halte E (Weena), LIJN11)時刻は 10:30、11:30、12:30、13:30、14:30 15:30となり、帰りの便は16:00頃にコーツェカデ通りの博物館から最終のトラムが出発となるが、出発時間は博物館内の看板に掲載されている。　通常運行のトラムで路面電車博物館に行くには、ロッテルダム中央駅からトラム(4,8系統)に乗車しコーツェカデ(Kootsekade)で下車、トラムが縦横に走る交差点からコーツェカデ通りを東へ徒歩約2分と近い。

　開館は4月〜11月までの第一土曜日/月のみと、訪問するには少しハードルが高いが、中央駅からの特別運行トラムやレトロバスと博物館へのアプローチが配慮され、訪れる価値は十分にある。

ロッテルダム路面電車博物館のホームページから

## Stichting RoMeO (Rotterdams Trammuseum)
www.rovm.nl/nl/museum

博物館〜ロッテルダム中央駅間を特別運行するシャトルトラムはレトロ（型式 515）

ロッテルダム路面電車博物館の玄関前から出発するシャトルトラム、何故か乗り降りの扉が開くまま！

73

正面扉から覗くと、博物館とロッテルダム中央駅間をシャトル運行するトレーラ牽引のレトロトラム(型式 515)が待機中、開館日には特別運行されるのだ。館内に入ると、カラフルなレトロトラムの前面顔出しの横並びで迎えてくれた。さすがお国柄オランダの色使いは手慣れたもので、ワンポイントに馬車鉄道やバスの展示もある。 街中の周遊路線を走るレトロトラム(シティツアーライン 10号線)もここ博物館が運営し車両基地となっている。 一日の定期運行が終了し博物館に戻ってくるのを玄関で待ち伏せし撮影も狙い目だ。 館内では数多くのトラムが保管整備され今にも動き出しそうで動態保存されている。 車内に乗り込めば昔の良き時代に走行する駆動音が聞こえてくる。 玄関ホールでは、博物館〜ロッテルダム中央駅間を特別運行するシャトルトラムは出発準備中、スタッフは全てボランティア主体で運営されているのには驚きだ。 ロッテルダム公共交通博物館は、ロッテルダムとその周辺の公共交通機関の歴史を存続させることを目的としている。

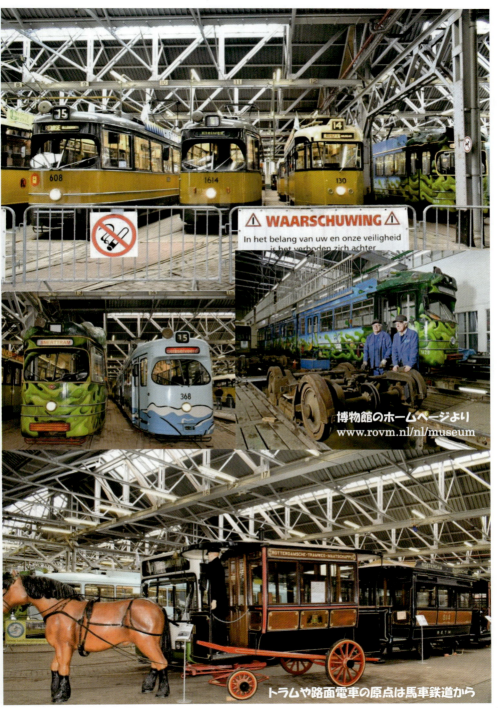

博物館のホームページより
www.rovm.nl/nl/museum

トラムや路面電車の原点は馬車鉄道から

売店で購入したポストカード
マテーネッセル広場
Mathenesserplein 1965

館内の保存展示 路面電車 No.1

売店で購入したポストカード
ヘムラートシンゲル
Heemraadssingel 1969

　売店で購入したポストカード。 1965 年マテーネッセル広場(Mathenesserplein)で撮影された路面電車(№.1)は館内に保存展示され、イベント時に出番があるそうだ。 1969 年ヘムラートシンゲル(Heemraadssingel)で撮影されたトレーラーを牽引する№.124 は、館内展示の№.123 とは末尾 1 番違いの兄弟トラムだ。 この二枚のポストカードは宝くじの大当たり、大事にお持ち帰りしよう。

ロッテルダムのトラムで是非乗車体験したいのは、シティツアーライン 10「ホップオン-ホップオフ (hop on – hop off)」という市内周遊の路線（10 系統）を走るレトロなトラムである。 なんと 25 年以上にわたってロッテルダム観光の路面電車路線で、期間は春の 4 月末～秋の 10 月末、毎週木曜日～日曜日、11:00～16:30 の間に 30 分間隔で走る。 停留所は A～E の 5 ヵ所となり A: ウィレムスプレイン停留所(Willemsplein)、B: 中央駅 Centraal station、C: ヘムラード広場 Heemraadsplein、D: ステーション・ブラーク Station Blaak、E: オースト広場 Oostplein となる。 周回運転を繰り返すが、始発・終着はポンペンブルク（ホーフ広場)である。

　　トラム 10 番(10 系統)に使用される歴史ある路面電車(1931 年製)は御歳 92 才の大先輩、ロッテルダムの街散策と魅力を知る上で見逃せないルートを見て見てと周回する。 デイチケットでは、その日の出発から最終まで各停留所では自由に乗り降りができるのが嬉しい。 運賃は 10€トラム車内で購入でき、現金とカードにも対応している。 路面電車の運転手と車掌/シティガイドは、ロッテルダム路面電車博物館のボランティアだそうで、ツアーはオランダ語、英語、ドイツ語での案内となるが、全周遊の乗車時間は 60～80 分となりトラム好きにはもってこい。

　　運営する Stichting RoMeO(ロッテルダム交通博物館と古い路面電車を運営する財団)は、ロッテルダム公共交通機関の歴史的な路面電車、バス、地下鉄車両を保有し、ボランティア主体の組織である。 因みに、南部の川岸の市内観光に最適なトラム 9 番(9 系統)も、トラム 10 番と同じポンペンブルク（ホーフ広場)から運行されている。 こちらは手を挙げて乗車したいことを運転手に示せば、リクエストに応じてすべての中間トラム停留所に停車してくれる。

ロッテルダムシティツアーライン 10
「ホップオン-ホップオフ(hop on – hop off)」

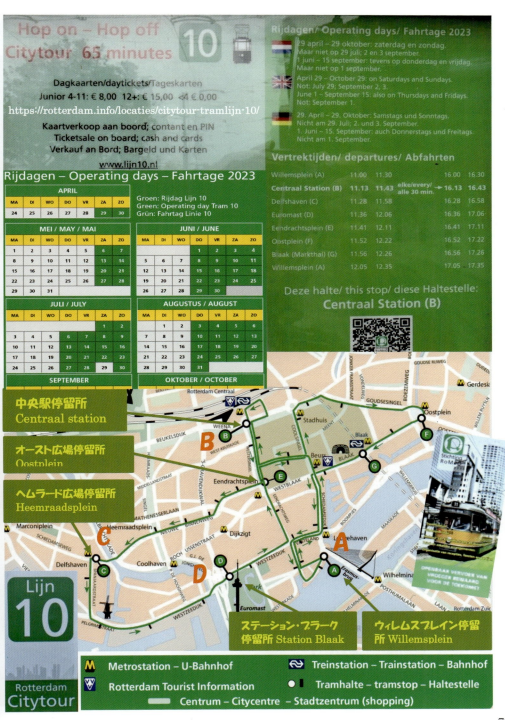

ロッテルダム中央駅からシティツアーライン 10(Citytour Lijn10)に乗車、乗客はほどよく満席だ。運転手は加速とブレーキのハンドルをくるくる回しながらの運転はお見事、サングラスをかけ吊りズボンスタイルでお洒落だが怖そう。 車掌さんはパンフレットを配り、体つきに似合わず親切である。

ウィレムスプレイン停留所(Willemsplein)は、エラスムス橋(Erasmusbrug)のたもとにあり、ライン10号線の始点と終点となる停留所。 ここでは数分間停車するので撮影タイムである。

ライン 10 仲間とすれ違いは運転手も楽しみだ。 手を振り笑顔で挨拶！仕事に充実感を感じる瞬間である。

デルフスハーフェン（Delfshaven）停留所

デルフスハーフェン（Delfshaven）停留所で下車し、旧デルフス港周辺の散歩を楽しみにしていた。 というのは、戦災から免れた旧港には跳ね橋や風車が残され 17 世紀の街並みに出逢えるから。 "Café de Oude Sluis"テラス席のある運河一望カフェレストランでの休憩から散歩開始。 帰りもライン 10「ホップオン-ホップオフ（hop on – hop off）」なので自由に乗り降りでき、中央駅に戻る。

ロッテルダムのレトロトラムと自転車は良く似合う

83

ロッテルダムでお勧めの穴場、デルフスハーフェン(Delfshaven)地区は幸い戦災から免れ旧デルフス港周辺は 17 世紀の面影が残り、散歩すると大航海時代には東インド会社の貿易、ニシン漁や捕鯨と共に栄えた様子が蘇える。 ロッテルダム中央駅からトラム(No.4,8)で乗車時間は約 20 分、デルフスハーフェン (Delfshaven) で下車し散歩を楽しもう。 トラムが走るスキーダムセ通り(Schiedamseweg)を少し戻り、橋の上から南に続く運河(旧デルフス港)を撮影だ。 これでお目当ての目的は達成、傍には赤いパラソルがお洒落なオープンテラス席のあるカフェレストラン(Café de

Café 't Pakhuys
運河沿いテラス席のあるカフェ
(営業時間に注意)
夕方から訪れたいのだが・・・

"Café 't Pakhuys" オープンは水、木、
金、土の 16:00〜22:00 又は 23:00

www.cafetpakhuys.nl

Oude Sluis)があるので一休み。旧港の奥には跳ね橋のピート・ヘインス橋(Piet Heynsbrug)、その先にディスティレールケテル製粉風車(Korenmolen Distilleerketel)が見え、街の生活に欠かせなかった風車全盛時代の懐かしいオランダに思いを馳せながらのカプチーノタイム。

さあ、運河沿いに散策を始めよう。 ピート・ヘインス跳ね橋跳ね橋(Piet Heynsbrug)を過ぎると、黄色いパラソルが開く運河沿いオープン席のある小さなカフェ(Café 't Pakhuys)があり休憩したいのだがオープンは夕方から。 前方のデ・ディスティレールケテル製粉風車(Korenmolen de Distilleerketel)はオランダで大きなミル 4 基のうちの一つでもある。 ミルショップでは、コーヒー、ミルで製粉した小麦で焼いたパンやクッキーが販売。 営業は水曜日と土曜日の 10:00〜18:00、日

Café 't Pakhuys
運河沿いテラス席のあるカフェ前の運河

デ・ディスティレールケテル製粉風車
(Korenmolen de Distilleerketel)
https://molendedistilleerketel.nl/

曜日は 11:00〜17:00 だそうだ。 恐る恐る中を覗くと風車守りがパソコンに向かって仕事しているが、時代も変わったものだ。 所狭しと風車関連の土産物を販売し、上階の風車に上るのに 5€。2、3階は製粉設備、外に出るとデルフスハーフェンの一望だ。 足元の木の床が怖いぞ。

風車守りは子供好きの様で、音楽に合わせて一緒に踊りだした。

風車守りはパソコンに向かい仕事中

船名は Rien Sans Dieu（掲示板に船歴）
洗濯物が干しているのには吃驚

iKapitein Boats & Bites
レンタルボート屋＆カフェ

レンタルボート屋＆カフェ（iKapitein Boats & Bites）の屋外テーブル席でカフェタイム。　カフェのお隣が路地に抜けるアート壁画が描かれた通路があるが、何だか怪しい。　散歩の帰り道でのこと、建物の壁には運河に魅せられた画家の拡大写真が貼り付けられ、一瞬立ち止まる。　傍には落書きがあり何とも言えない空間である。　この横には Altstadt Rotterdam Foundation（財団）があり劇場、音楽スタジオ、図書館等が入りパフォマーアートがここで作られ、学び、演奏が見られる。　大通りの角にはカフェバー（Tapperij Vanouds 't Kraantje）。　運河に面したテラス席のカフェもある。

**壁画アートのある怪しい通路**

## アウウドルプ RTM 財団（Stichting RTM Ouddorp）
DE PUNT (Remise) – Port Zélande – Middelplaat · Scharendijke
オランダの南、南ホラント州に残る保存鉄道（旧ロッテルダム鉄道）
オランダに唯一残る軌間 1067 ㎜の狭軌路線（Kaapspoor）
www.rtm-ouddorp.nl

　アムステルダム中央駅(Station Amsterdam Centraal)から南へ、オランダ鉄道(Nederlandse Spoorwegen)の ICD で約 41 分、オランダ第二の都市ロッテルダム(Rotterdam)の中央駅(Centraal Station)に着く。　中央駅地下にあるメトロに乗り換え、メトロ路線 D 系統 De Akkers 行きに乗車し約 30 分、スパイケニッセ中央(Spijkenisse Centrum)駅でバスに乗り換え。　駅前のバスターミナルから路線バス(№.104 系統)に乗車し、約 1 時間でバス停 Ouddorp, Oudelandseweg で下車。　徒歩 25 分(約 1.8 km)歩くとアウウドルプ RTM 鉄道博物館(Museum R.T.M. Ouddorp)に着く。

　1878 年に設立されたロッテルダム路面電車会社(Rotterdamse Tramweg Maatschappij)は 1898 年から 1966 年の間に、路面トラム、バスやフェリーにてロッテルダムとその周辺にある複数の島間にて旅客と貨物の運行を行った。　運営していた地域の路面電車網は、かつて総延長 235 km の長さのネットワークを持つ狭軌鉄道(軌間：1067 mm)の路線を有し、蒸機トラムから後にディーゼル路面電車、バスやフェリー運航と大規模な輸送会社であった。　そのおかげで、ロッテルダムの南にある以前はアクセスできなかった島々が孤立しなくなり、街とのつながりが深まったのである。

　その後、道路網が整備されモータリゼーションのあおりを受け、1953 年の洪水も影響し、島の公共交通機関は RTM の鉄道からバスサービスに置き換わる。　鉄道輸送は衰退 1965 年からバス路線に順次置き換えられた。　1966 年には最後のトラムがヘレヴートスライス(Hellevoetsluis)とスパイケニッセ(Spijkenisse)の間を走った。

　トラム会社が閉鎖された後、蒸機やディーゼルトラムと車両の一部は 1965 年に設立されたトラム鉄道財団( Tramweg-Stichting)が引き継ぎ、ヘレヴートスライス(Hellevoetsluis)にある停留所で保管

№50 蒸機は 1913 年カッセル(ドイツ)の
Henschel & Sohn 社製造
博物館を出発し、砂丘・堤防を走る。

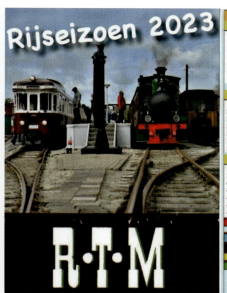

された。1989年には収集保存されていた車両がアウウドルプ(Ouddorp)に移され、現在はアウウドルプで旧会社を引き継いだ博物館内にある RTM 財団 (Stichting voorheen RTM)によって管理されている。

　RTM 博物館では、復元されたさまざまな車両があり、残された貴重な鉄道遺産を保存鉄道として運行している。博物館からは蒸機とディーゼルトラムが砂丘地帯(Punt van Goeree)を通り、ブローウェルスダム(Brouwersdam)と呼ぶ堤防に沿ってポルト・ツェランデ(Port Zelande)を経由し、グレーヴェリンゲン湖(Grevelingenmeer)の南岸にあるスカーレンデイケ(Scharendijke)近くの West Repart 駅までの約 10 kmを走る。

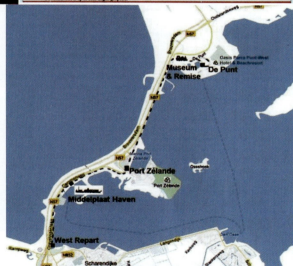

RTM 鉄道博物館(Museum R.T.M. Ouddorp)

博物館は運転日の AM10:30 から PM5:00 まで開館。 主に 7 月〜9 月の水曜日、木曜日、土曜日に 3 回/日、RTM 博物館のホームから運行となる。 4 月〜6 月は主に水曜日と土曜日に開館するが列車の運行は無い。 ホームページのカレンダーでは青印は開館のみ、赤印はイベント日なので蒸機とディーゼルが運行、緑印はディーゼルトラムのみ運行となる。 列車は博物館 (RTM-museum) から Brouwersdam を経由 West Repart で折り返し、往復で約 1 時間の乗車となる。 トラムは全て Port Zélande の停留所に停車、リクエストに応じて De Punt 停留所と Middelplaat Haven 停留所にも乗り降りできる。 博物館内には狭軌鉄道全盛時代のロッテルダムの近郊、アウト＝バイエルラント (Oud-Beijerland) の町中を走る蒸機とディーゼルトラムの写真が展示され、当時を偲ぶことができる。 今回は、軌間 1067 ㎜という狭軌鉄道網がオランダにもあったのだと初めて知る保存鉄道旅である。 時刻表によると RTM-museum11:30 発 (列車番号 113) の名称はボートトラム (boottram)、West-Repart 終着駅から戻り便 (列車番号 14) の途中にあるミッデルプラート港 (Middelplaat Haven) で下車すれば遊覧船に接続している。 遊覧後に港に戻り、次の列車 16:10 発 (列車番号 116) に接続連絡しているので 16:30 には RTM-museum に戻れる。 鉄道と船のコンビ

### アウウドルプ RTM 財団
### (Stichting RTM Ouddorp)
www.rtm-ouddorp.nl

終着折り返し駅 (West Repart) に到着 今から機廻し作業

機廻し後、蒸機は後ろ向きで出発

で美しいグレーヴェリンゲン湖(Grevelingenmeer)の景色を楽しめる。 私が乗車した蒸機(列車番号 11)が博物館(RTM-trammuseum)を 11:30 に出発する頃には雨が降り始め、途中は本降りとなり車窓から右の北海や左のグレーヴェリンゲン湖は霞んでいる。 終着折り返し駅(West-Repart)ではやっと小降りとなり、乗客は機廻し作業を楽しむ。 笑顔の機関士さんに機関室に入れて頂き撮影を快くさせて頂いた。 駅はグレーヴェリンゲン湖に面し、ヨーロッパ最大の塩水湖だそうで遠くから潮の匂いが運ばれてくる。

一番列車は雨の中を走り、二番列車は快晴の青空に恵まれ、こうも気候がめまぐるしく変わるのには吃驚だ。　チケットは車内ではなく乗車する前に、博物館内の受付カウンターでワンデイチケットを購入する。　20€がマジックで消されているが、支払いは 22€なので値上げしたのだろう。　蒸機が博物館に戻ると、客車を切り離し給水・給炭作業となるが、おまけは乗客とのスキンシップタイムとなりワンも参加する。　この瞬間を機関士も楽しみにしているようだ。

朝一番は雨降り

一番列車が戻ると雨が止み曇り空

給水作業を見守る乗客達

今日の運行を担当してくれる蒸機はRTM50である。　ヘンシェル&ゾーン(Henschel & Sohn)社は1913年に製造しロッテルダム路面電車会社(RTM:Rotterdamse Tramweg Maatschappij)にRTM50を納入。　この蒸気機関車は長年にわたり広範囲の RTM 鉄道網で活躍した代表的な蒸機トラムである。　1957年に廃車となり1966年からはトラム鉄道財団( Tramweg-Stichting)で保存され、その後全面的な修復オーバーホールを施し、新しいボイラーに交換、2005年から復帰しアウウドルプ RTM 財団(Stichting RTM Ouddorp)で保存鉄道として活躍中である。

　ディーゼル電気機関車 MD1805 が客車4両を牽引し出発。　1952年 Machinefabriek Hoogeveen 社製造された。　1967年 RTM 博物館の所有となり、1988年にアウウドルプ RTM 財団で大規模なオーバーホール/修復が完了。　RTM が保有するコレクション最強のディーゼル機関車だそうだ。

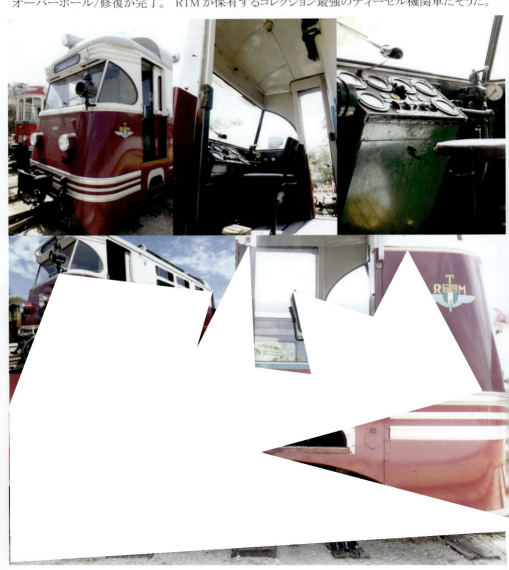

ディーゼル電気機関車 MD1805 が客車 4 両を牽引し出発。 1952 年 Machinefabriek Hoogeveen 社製造

№50 蒸機は 1913 年カッセル(ドイツ)の Henschel & Sohn 社製造

博物館内にはロッテルダム路面電車会社(Rotterdamse Tramweg Maatschappij)が1960年代まで運営していた地域の路面電車網のパネルや当時の写真が展示され、全盛期は路面トラム天国だったようだ。　特に興味を抱いたのは、なんとキャンピング貨車(Kampeerwagen)、その昔には貨車を連結してガタンゴトンと心地良い振動を感じながら観光地に向かい、引き込み線に入りキャンピング泊だろうか。　日本のグルメ食事を楽しめる観光列車も良いが、キャンピング列車を走らせるローカル線活性化の企画を提案したい。　蒸気自動車やバスのコレクションも保存され、軽食をしながら楽しめる。　変わり種の厳つい顔、1949年 Centrale Werkplaats RTM 社製造の電気式ディーゼル機関車、型式 M67 は 1966 年まで RTM で活躍したが、ユトレヒトにあるオランダ鉄道博物館(NSM)や製紙工場に引き取られた後、1991年にRTMに戻り修復、2009年から運行を開始した。　館内展示で特に目立ったのはショーマンの道路機関車(Showman's road locomotive) 英国 1919 年製造。派手なデザインとカラーには圧倒される。

98

キャンピング貨車
(Kampeerwagen)

ロッテルダム路面電車会社 1960年代まで運行
(Rotterdamse Tramweg Maatschappij)の路線網

ショーマンの道路機関車
Showman's road
locomotive
1919年製造

99

## 蒸機列車 フス~ボルセレ（Stoomtrein Goes-Borsele (SGB)）
オランダ南西部ゼーラント州(Provincie Zeeland)、ゾイト＝ベーフェラント島にある町
フス(Goes)からバールラント(Baarland)へ約 14 kmの保存鉄道路線（軌間：1435 mm）
www.destoomtrein.nl

　アムステルダム中央駅(Station Amsterdam Centraal)からオランダ鉄道(Nederlandse Spoorwegen) IC で南へ約 2 時間 30 分、フス駅(Goes Station)に着く。 1920 年代、南ベーフェラント鉄道会社(Spoorwegweg-Maatschappij Zuid Beveland)がフスの町から南ベーフェラント(Zuid-Beveland)へ、いくつかの路線を建設した。 1928 年に開業、旅客列車はガソリンカーで運行されていたが数年後には廃止され、貨物輸送は引き続き運行された。 その後、各路線は順次運行停止、廃止となるが、東部路線では 1971 年に設立された「蒸機鉄道 フス-ボルセレ」鉄道会社(SGB: Stoomtrein Goes-Borsele)が引き継ぎ、1972 年から保存鉄道の運行を開始。 元々ボルセレ(Borsele) という村までの区間で運行する予定であったがアウデランデ(Oudelande)とドリーウェフェン(Driewegen)の間にある鉄道路線の認可が下りなかったのでアウデランデが終点となる。 SGB は長年にわたりフスからフーデーケンスケルケ(Hoedekenskerke)までの区間に保存蒸機列車を運行することになる。 2010 年にはバールラント(Baarland) に伸延、保存鉄道の終点となっている。 バールラントとアウデランデの間のエリアは、草やぶが群がって生え、終点バールラントでは機関車に給水することも出来なければ、単線の行き止まりで機廻しすることも出来ないために、蒸気機関車はフーデーケンスケルケまでしか運行していない。 しかし、フーデーケンスケルケとバールラント間の路線では以前フスからレールバスだけが運行されていたが、2023 年タイムテーブルには運行が無くなっている。
　訪れた 2023 年 8 月、黄色のタイムテーブルは蒸気機関車の牽引する列車 2 往復/日であったのだが、蒸気機関車の運行がディーゼル機関車に何故だか変更されていた。 雨降る中、朝早くから構内に入るとディーゼル機関車がエンジン音を吹かしながら運転準備をしているではないか。 車庫には蒸機が眠っているが屋外ヤードには蒸機の姿や暖機運転の煙はないぞ。 玄関から入ると左には車庫、右に少し歩くとイベントホールとチケット売り場のある建物がある。 チケット購入時に確認すると今日はディーゼル機関車が担当するとのこと。 気を撮り直して外に出ると、先ほどの構内入れ替え用のディーゼル機関車が始発駅の方にトコトコ走るところに出くわした。 この機関車は型式 08 クラス(Class 08 Diesel Engine)、ウィルバート・オードリー著の鉄道絵本である機関車トーマスシリーズで良く知れたディーゼルがモデルにされている。 事務局に問合せると、7/31 に蒸気機関車の点火中に問題が発見されたため、直前になってディーゼル機関車の配備を決定する必要があったとのこと。

Goes 鉄道博物館の玄関　朝早くからボランティアスタッフが今日の案内看板を取り付け中

この垂れ幕を期待していたのだが…。

蒸気機関車牽引の列車に乗るつもりで訪れたが、今日はディーゼル機関車の運行日だった。この垂れ幕を期待していたのだが……。 構内の大型パネル立て看板にもそれらしき情報は記載されていない。

101

SGB は様々な産業から譲り受けた蒸気機関車で運用している。 ひときわ派手な赤い塗装が良く似合うNo.3 号機 Bison やアメリカ陸軍出身の型式 4839 愛称 Ing.H.F.Enter 蒸気機関車は Oranje Nassaumijnen 鉱山会社から譲渡されている。 客車はベルギーの鉄道会社から譲り受けた木造コンパートメント車(houten coupérijtuigen)やオランダ鉄道会社から多数購入した車両(Blokkendoosrijtuigen)を使用している。 大きな鉄道設備を持つローカル鉄道の路線にもかかわらず、それはまだ法律上では路面電車扱いとなっている。 しかし、社名は 1990 年代に、Stoomtram は Stoomtrein Goes-Borsele に変更されている。 SGB の会社はフス駅と隣り合わせであり、1927 年から歴史ある旧オランダ国鉄(NS)の車庫と鉄道ヤードを保有し、整備工場の機能と近年ではさまざまな機関車や車両の修復をも行っているそうだ。

　鉄道博物館(Stichting Stoomtrein Goes-Borsele)に行くにはフス駅北口から路線沿いの北側の道を歩き、遮断機のある踏切を渡り左に廻り込むと博物館の駐車場、直ぐ傍に玄関入口がある。 徒歩約 25 分と遠いので、南口から工業団地内内を抜け裏門に向かうと少しは近い。

　保存鉄道は季節運行となり、4 月から 10 月までの主に毎日曜日、7 月と 8 月の休暇シーズンには月曜から木曜日も追加運行となる。 スケジュールカレンダーでは黄色は蒸機 2 往復、ピンク色は蒸機が 2 往復とレールバスが 3 往復、赤色・青色・灰色・緑色はイベント時のタイムテーブルとなる。

　列車は保存鉄道のフス駅を出発し工業団地の中を通り抜けると別世界。 小さな干拓地、果樹園、野原、草花が咲き誇る堤防などの美しい文化的な景観の中を横断する。 村を洪水から守る堤防を路線が横切る所には頑丈な鋼鉄製の扉で開口部を閉じることができる陸閘(一種のロック)を通

過するので車窓から見逃さないようにしよう。蒸機の途中停車する駅はクワーデンダムネ(Kwadendamme)と給水折り返し駅のフーデーケンスケルケ(Hoedekenskerke)の2駅のみの急行列車扱いなのだ。 レールバスはそれに加え二つの村の名称が付く長い長い駅名の小さな駅である's-Gravenpolder 's-Heer Abtskerke と Nisse にも停車し、レールバスだけの特権は路線が伸延された行き止まりの駅バールラント(Baarland)に行くことができる。フーデーケンスケルケとバールラント間の路線ではフスからレールバスだけが運行されている。 以前はこの区間が運行されていたが、2023年のカレンダーには×印が付けられ運行はされていないようだ。 レールバスは1960年ドイツ Uerdingen 社製造、ディーゼルエンジン駆動気動車、型式 VT996 783。 2両編成(駆動車＋制御車)の運行もあり、その時は駆動エンジンを装備しない運転席のある制御車、型式 VS996 760 を連結する。車両には両運転台があるので終着折り返しの逆方向に向かう場合は、運転士は逆側の運転席まで歩いて対応しているのも見どころだったのだが残念。 2023年の 9/30,10/14 にはディーゼル列車「anno 1927」でムール貝料理の夕食が楽しめるちょっとリッチな観光列車がある。

103

SGB フス駅構内には 1927 年に建設された車庫があり、蒸機やディーゼルの保存や修復、整備工場の機能を一手に引き受けている。 尚、建物は 2010〜2014 年に改装されている。 構内ヤードにはミデルブルフ(Middelburg)の信号所や古い駅舎が移設保存され、敷地内にはユトレヒト中央駅の古いプラットホームの屋根の一部が保管され再建されるそうだ。 朝早くから車庫を訪れると、ひときわ目立っていた派手な赤い塗装が良く似合う 1928 年 La Meuse 社製造、機関車番号№.3、愛称 Bison 蒸気機関車はオランダ最大の鉱山会社 Oranje Nassaumijnen でこちらも石炭輸送に使用されていたそうだ。 その隣にはアイボリーと濃緑のツートンカラーで前面二つ窓のディーゼル気動車(型式：C909)が整備中である。 この車両は観光レストランカーとして使用され、ムール貝料理の夕食が楽しめる企画がある。 屋外ヤードには 1960 年ドイツ Uerdingen 社製造、ディーゼルエンジン駆動気動車、型式 VT996 783。 2 両編成(駆動車＋制御車)が駐機しているが、今日の運行は無い。 挨拶をし、写真撮影の了解を得て車庫内に入ると陽ざしが入り込み作業場は明るく、建設当初の 1927 年代に自然光を取り入れた屋根構造を採用しているのには驚きである。

1924 年 Krupp 社(Essen)製造
SGB №2 号機
愛称 Borsele 蒸気機関車

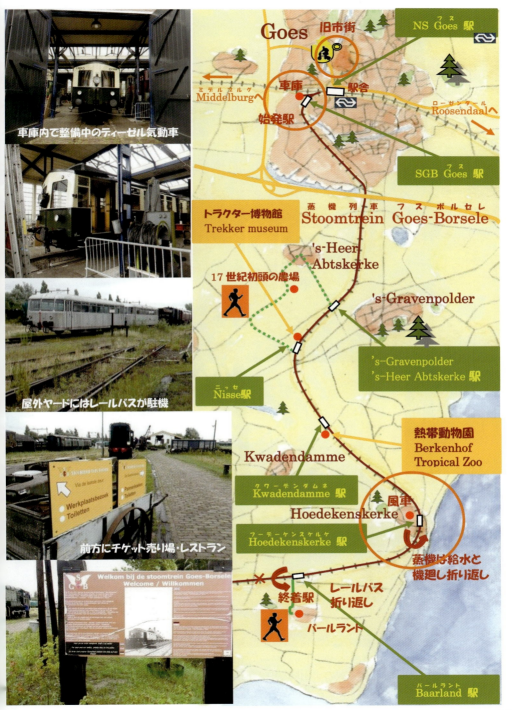

車庫から構内を歩くと、クレーン車とホッパゲートが保存され、その横では型式：クラス08(Class 08 Diesel Engine) №521 があいにくの小雨降る中、今日の運行準備中である。 この先にある建物がイベントホール・レストラン、内部にチケット売り場があり往復券(Goes-Hoedekenskerke) 21€を購入。

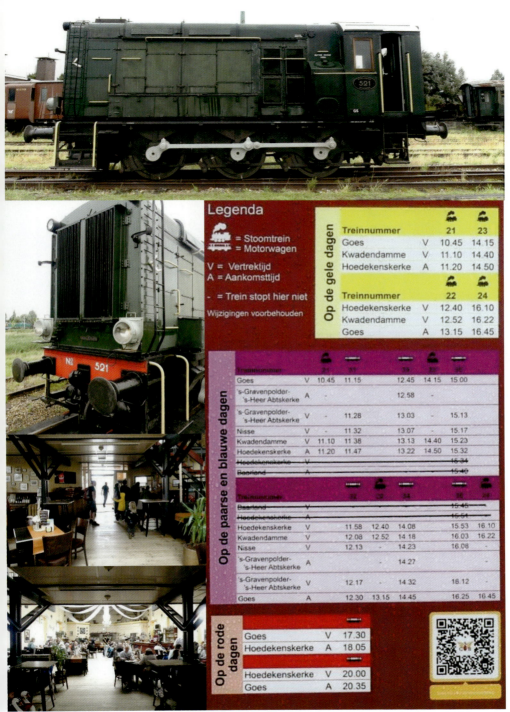

107

始発のフス駅ホームには、雨模様にも負けずに家族連れやワンも今日の乗車を待ち構えていたようだ。 ディーゼル機関士のお誘いがあり運転室に搭乗させて頂き、運転の機器類の説明を受け、記念にと写真撮影をお願いすると快く OK！ 二人の笑顔が旅の大切な土産となった。 10:45 にフス(Goes)を出発し、11:20 にフーデーケンスケルケ(Hoedekenskerke)に着き折り返す。

蒸気やディーゼル列車の運行はフーデーケンスケルケ(Hoedekenskerke)駅が終着折り返しとなる。　機廻しを行い客車に再連結するのだが、フス(Goes)に向けて戻りは後ろ向きスタイルで牽引となる。　到着から戻り列車の出発まで約1時間20分あるのでフーデーケンスケルケ村を散策したい。1.5 kmのウォーキングルートがお勧め、駅から果樹園と村を通り抜けると風車製粉工場があり、風車の動力により石臼を回転させ小麦粉を挽く製粉機が見学できる。　村には小さな労働者の家が博物館(Wienkeltje van Wullempje)となり、前世紀の始めに人々がどのように生活し働いていたかを見ることができる。　開館は保存鉄道の運行日　AM11:30〜PM4:30、入場は無料。　駅の直ぐ横から堤防(Westerschelde)を駆け上ると、以前は港から本土側対岸にあるテルネーゼン(Terneuzen)に向けてフェリーが発着していたが今ではマリーナとなり、堤防から海を臨むとアントワープ港への行き交う船が通過する光景が見られる。　そこには海が一望の客車レストラン(Restaurant　SurfetTurf)がある。また家族連れの乗客が楽しみにしていたのは、アミューズメント　センターDe Bufferで食事なのだ。

110

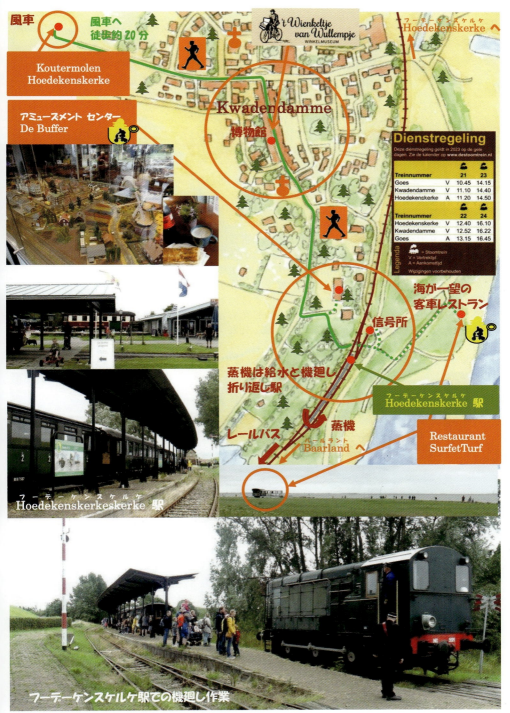

## デンデルモンデ＝プールズ蒸気鉄道　www.stoomtrein.be
### (SDP:Stoomtrein Dendermonde-Puurs)
デンデルモンデ(Dendermonde)～プールズ(Puurs)間の保存鉄道
始発駅のバースローデ北(Baasrode-Noord)からプールズ(Puurs)までの標準軌路線

　ベルギーの首都ブリュッセル、中央駅(Bruxelles-Central)から北西に位置する東フランドル州へ、ベルギー国鉄で約 35～50 分(直通又は乗り換え)、デンデルモンデ(Dendermonde)駅に着く。駅前のバス停 4 番から路線バスNo.245 系統、又はバス停 5 番からNo.252 系統で約 15～16 分でバス停 Baasrode Noord Station に着く。 すぐ近くに保存鉄道「デンデルモンデ＝プールズ蒸気鉄道( Stoomtrein Dendermonde-Puurs)」の始発駅、バースローデ北(Baasrode-Noord)駅がある。

　デンデルモンデ(Dendermonde)～プールズ(Puurs)間の長さ14 km の標準軌路線は、1880 年に開通したアントヴェルペン南駅に至る路線の一部であった。 1980 年に旅客輸送と一部区間の貨物輸送が廃止された。 1977 年に鉄道愛好家たちが協会を設立して、車両の確実な保守と蒸気列車の保存運行を実施し、保存運行は 1986 年から続いている。

　7 月から 9 月の毎週日曜と祝日に蒸気列車を運行し、さらに 11 月の終わりから 12 月初めの間にシンタークラース(サンタクロース)が乗る列車が、7 月の 1 週間に列車と船による「蒸気で行くスヘルデラント(Scheldeland in Dampf)」があり、4 月と 9 月には文化遺産の日が祝われる。

　協会はかなりの数の動力車を収集してきた。 稼働可能な蒸気機関車は4 基、1 号機はコッカーリル(Cockerill)2643、縦型ボイラーをもつ B 形蒸機、1907 年製。 2 号機はヘンシェル(Henschel)29884、1946 年製。 3 号機は HSP 1378、軸配置 C n2t、エーヌ・サン・ピエール製造工場(FUF Forges Usines et Fonderies Haine Saint-Pierre)、1922 年製。 4 号機はテュビーズ(Tubize)2069、1927 年製。 また、1954、1961、1965 年製のディーゼル機関車 3 両と、1952、1955、1974 年製の気動車 3 両が使用されており、一部の機関車が改修中だそうだ。

朝早く訪れると、スタッフは皆笑顔！

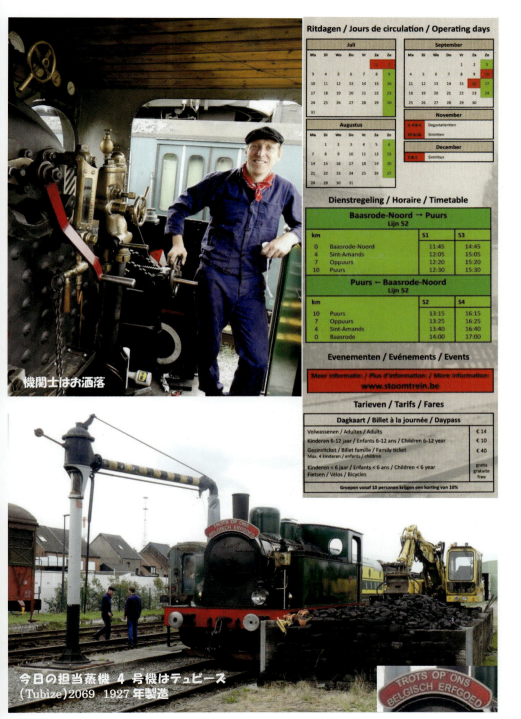

バースローデ北(Baasrode-Noord)駅には古い駅舎が残っていないが、広い構内に鉄道遺産が宝物の様に保存され全盛期だった 1880 年代の頃にタイムスリップできる。　トタン屋根のドーム型車庫には貴重な珍しい蒸機、1 号機 2643、1907 年コッカーリル(Cockerill)社製造、縦型ボイラーを持つ B 形蒸機が大切に保存され、特別イベント時には運行されるそうだ。　今日の運行を担当してくれる蒸機は、4 号機テュビーズ(Tubize)2069、1927 年 Ateliers de Tubize 社製造、愛称は「ヘレナ」と名付けられ、前部は黒、ボディーは濃緑の塗装、ベルギーの産業用機関車である。　余裕があれば構内の宝の山、鉄道遺産の探訪がお勧めである。

　訪問当日、運行前の給水・給炭作業を撮影しようとトタン構造のドーム型車庫を訪れた。　スタッフの 5 名が作業中、笑顔で迎えてくれた。　機関室にも招待され、皆さんはボランティアスタッフでこの保存鉄道の維持管理に誇りを持ち、すこぶる明るい。　おまけのサプライズは、今日の運行準備に忙しいのに 4 号機テュビーズが自ら、車庫内から 3 号機 1378、1922 年 Forges Usines et Fonderies Haine-Saint-Pierre 社製造、濃紺塗装の蒸機を車庫から引き出して、目の前で特別のお披露目サービスをしてくれた。

3 号機 1378 、1922 年製造も車庫から

蒸機 4 号機はテュビーズ(Tubize)2069　1927 年製造は、今起きたばかり。そろそろ出番ですよ！

114

## Seizoen 2023

朝が早いのでホームで店開きをしているカフェは準備中、客車のドアが開いて女の子が現れた。危ないよ！本人も下を眺めて分かっているよと。　今度は蒸機が車庫から出てきた。　今日の運行を担当する４号機、テュビーズ(Tubize) 2069、1927年製、機関士が乗り込み暖機運転中だが、指をくわえて見ている私に乗らないかと誘ってくれた。　機関室にお邪魔し、彼は機器類の説明をしてくれたが……うなずく私。

出発時刻が近づくと乗客が多くなり、スタッフはロッド部の給脂やライトの点検と忙しい。 始発はバースローデ北(Baasrode-Noord)駅、駅舎・事務所の壁にはかつての旧バースローデ駅の写真をシートパネルにして大きく張り付けてある。 先頭に蒸機 4 号機テュビーズ(Tubize)2069 とその後ろにディーゼル機関車(型式:8228 1965 年 Ateliers Belges Réunies 社製造)を連結した重連スタイルなのだ。

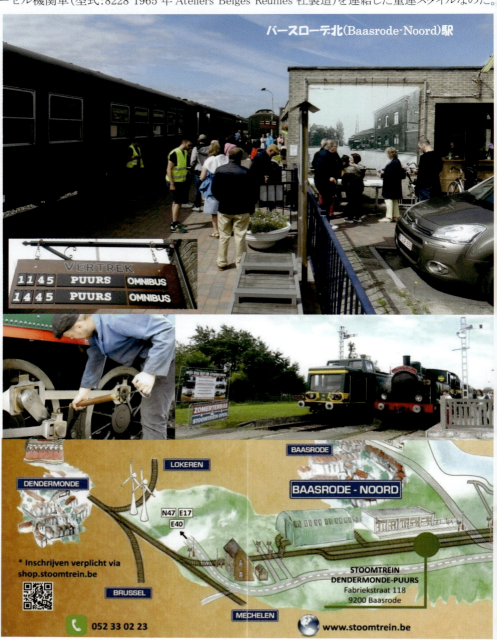

蒸機は切り離されプールズ駅手前の待避線で駐機、ディーゼルが先頭でプールズ駅に到着するのだが、蒸機とディーゼルの重連の意味を理解！

終着駅プールズ(Puurs)駅に到着

その理由を保存鉄道の終着駅プールズ(Puurs)に到着する前に知ることになる。運行路線はここまで、この直ぐ先にあるベルギー国鉄の駅プールズ(Puurs)には接続されていなくて、悲しいかな路線は車止めで分断されてしまった。プールズ駅手前で一時停車、何だろうと不思議発見。先頭の蒸機は切り離されプールズ駅手前の待避線で駐機、ディーゼル機関車が先頭となりプールズ駅に到着するのだ。この後、乗客が駅のオープンテラス席でカフェタイム、この間に待避線の蒸機は列車の先頭に後ろ向きに連結。ディーゼル機関車は後ろ押しでバースローデ北駅に戻る。

119

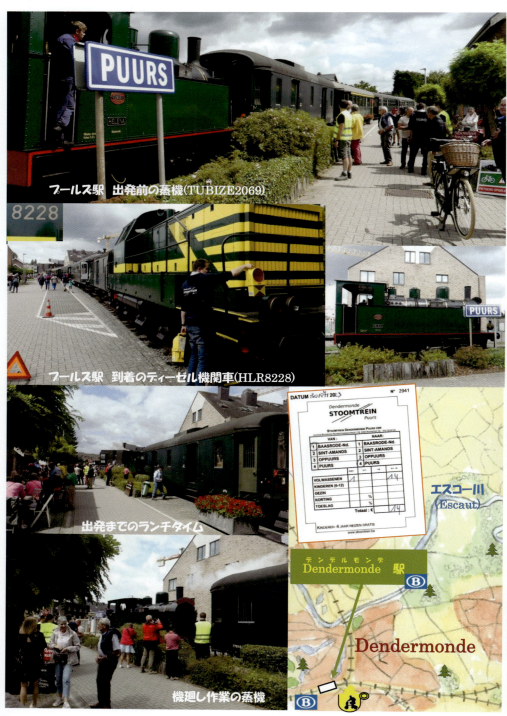

保存鉄道 Puurs（プールズ）駅に到着。　乗客は降車すると真っ先にカフェ・レストランで昼のランチタイムである。　皆が見守る中、待避線に逃げていた蒸機が後ろ向きスタイルで列車の先頭に連結。　帰りのディーゼル機関車は後ろ押しとなるので赤いテールランプを後部に取り付けるのだ。

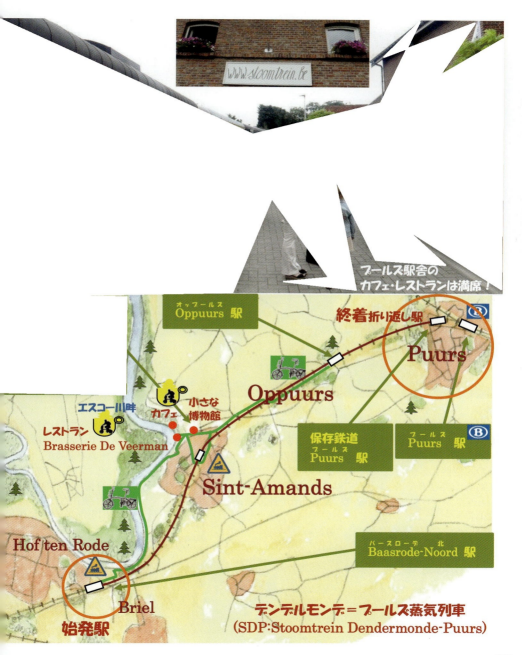

車庫はトタン外壁と屋根を一体化した構造のドーム型、内部は意外と明るい。 奥にはお目当ての貴重な 1 号機 2643 蒸機トラム、1907 年コッカーリル（Cockerill）社製造、縦型ボイラーを持つ B 形蒸機が大切に保存され、本体側面には名誉ある 1 号機のシンプルだが重みのある 1 と赤い製造銘板が眩しい。 その傍に修復中だろうか縦型のボイラーを載せた蒸機の下部フレームがあるが、もう一台の同型機もあるのだ。 蒸機のボイラー本体や客車もここで復元整備されているようだ。 この蒸機は動態保存なのでイベント時には運行する。 もう一つ興味を抱いたメダカ顔の可愛らしい愛嬌のある検査車両 VB205 は 1963 年 AC Luttre 社で製造され、鉄道インフラの点検に使用されていた。2015 年ブリュッセルトレインワールド(Train World)鉄道博物館からやってきて、こちらデンデルモンデ＝プールズ蒸気鉄道のコレクションの仲間となる。

122

1号機 2643 蒸機トラム、1907 年コッカーリル（Cockerill）社製造

## マルデヘム＝エークロー蒸気列車
### (Stoomtrein Maldegem-Eeklo)
マルデヘム(Maldegem)〜エークロー(Eeklo)まで約 10 kmの保存鉄道

www.stoomtreinmaldegem.be
スケジュールの都合により次回訪問予定

　ベルギーの首都ブリュッセル、中央駅(Bruxelles-Central)からベルギー国鉄で西へ、途中ヘント＝シント＝ピーテルス(Gent St.Pieters)駅で乗り換え、約 1 時間 20 分でオランダとの国境に近いエークロー(Eeklo)駅に着く。 この駅からはマルデヘム＝エークロー蒸気列車に連絡しているのだが、始発駅ではないので機関庫のあるマルデヘム(Maldegem)駅に行きたい。 駅前から路線バス(No.58S系統)に乗車し約 20 分、マルデヘム＝エークロー蒸気列車の始発駅、マルデヘム駅の駅前バス停に着く。 駅構内には標準軌の路線の横に並行して狭軌鉄道もあるので楽しみだ。

　マルデヘムの駅が蒸気センター博物館(Museum Stoomcentrum)になっており、一部稼働していないものの、多数の機関車がいる。 ここから蒸気列車が、標準軌線をおよそ 10 km 離れたエークロー(Eeklo)まで走る。 さらに、ドンク(Donk)に至る長さ 1.2kmの 600 mm 狭軌線がある。

　運行日は、5 月 1 日から 9 月までの日曜祝日と、7 月と 8 月の水曜日である。 5 月最初の週末には、蒸気機関車祭りが開かれる。 イベントは年度により内容は違うが、5 月中旬の金曜日から日曜日に行われる大規模な催しは「自由への蒸気列車(Dampfzug in die Freiheit)」と呼ばれ、第二次世界大戦終結時のファシズムからの解放を祝うものである。 11 月最後と 12 月最初の週末には、シントクラース(サンタクロース)と従者が蒸気列車に同乗する。

　標準軌で稼働可能な蒸気機関車は「マツィック将軍(General Maczik)」で、ポーランドの亡命部隊で第三帝国と戦ったポーランドの将軍にちなんで命名された。 将軍の名をもつ C 形機関車 TKh49は、1959 年にポーランドのハブフカ(Chabówka)にある機関車工場で製造されたものである。 「フレッド(Fred)」は 1925 年、イングランドのエイボンサイド(Avonside)生まれの蒸気機関車である。 イギリスの B 形機関車テュビーズ(Tubize) 1627 は 1911 年製である。 第二次世界大戦期のイギリスの将軍「エロール・ロンズデール(Errol Lonsdale)」が、1953 年製のイギリスのハンスレット C 形機関車の名のもとになっている。 狭軌鉄道の蒸気機関車は現在改修中で、ディーゼル機関車が列車を牽いている。

　運行は水曜日だと気動車が 2 往復のみ、日曜日には蒸機 2 往復と気動車 2 往復となるので、できれば日曜日に訪れたい。 マルデヘム駅を出発、途中駅バルゲルフーケ(Balgerhoeke)に停車する。 駅手前の川には上下可動式の鉄道橋があるので見逃さないように、鉄道好きの撮影ポイントでもある。 約 10 kmを 30 分で走りエークロー(Eeklo)駅に到着。 ベルギー国鉄との連絡駅である。

124

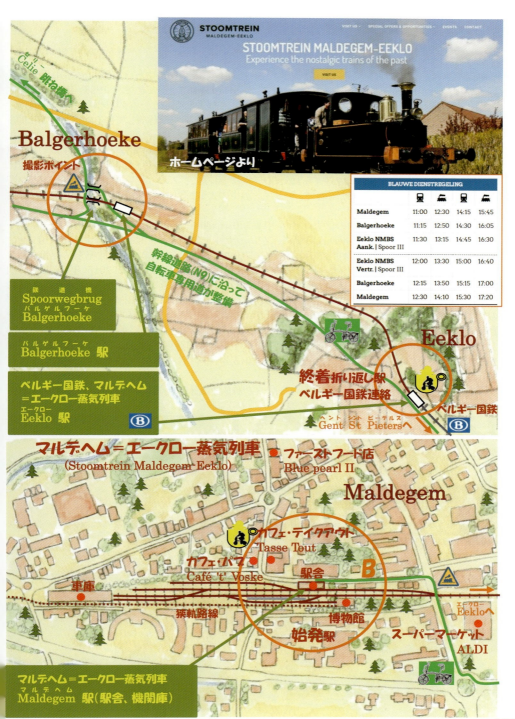

## トレインワールド(鉄道博物館) (Train World)
### スハールベーク駅　Schaerbeekstation　　　　www.trainworld.be

　鉄道好きにとってトレインワールド(鉄道博物館)を真っ先に訪れたいと、はやる心を少し我慢しよう。　それはベルギーの首都ブリュッセルを訪れたからには外すことができない 1998 年に世界文化遺産に登録されたグラン・プラス(Grand Place)。　フランスの詩人ジャン・コクトーが「豊穣なる劇場」と、文豪ヴィクトール・ユーゴーが「世界で最も豪華で美しい広場」と、称賛しているだけあって壮麗さに圧倒されてしばし我を忘れる。　10 世紀頃中世ヨーロッパで繁栄した商・工業者間で結成された職業別組合(ギルド)が、職人たちの寄り合い場所となっていた建物「ギルドハウス」に囲まれた縦横が約 110m×70m ある長方形の石畳広場なのだ。　グラン・プラスの中心となる建造物が、15 世紀にゴシック・フランボワイヤン様式で建てられた市庁舎。　因みに、フランボワイヤン様式とは外壁や塔に施された執拗なまでの装飾は圧巻で、デザインが炎のような激しい印象を与えることからこの名称が生まれている。

　話を戻そう。　ベルギー国鉄のブリュッセル中央駅(Bruxelles-Central)から鉄道で北へ約 10 分、二つ目のスハールベーク(Schaerbeek)駅に、ブリュッセルを訪れたからには見逃せない鉄道ファン必見の鉄道博物館がある。　お目当ては「トレインワールド(Train World)」、19 世紀末に建築されたネオ・ルネッサンス様式の旧スハールベーク駅の駅舎を活用し、博物館として 2015 年に開館。　内部は鉄道博物館らしからぬ芸術的な照明によるノスタルジックな鉄道車両群の展示効果を最大限に生かした映画村のようだ。　特に興味を抱いた流線型の蒸気機関車 Type12 Atlantic は、エンジニアのラウル・ノテッセ(Raoul Notesse)によって設計された蒸気機関車。　高速に適した流線型の車体で動輪径は2メートルを超え高速旅客列車用として1939年に配備されたが、製造されたのはわずか6台であった。　彼女はブリュッセル － オステンドのルートを平均速度 121 km／h で走行し最高速度 165 km／h を達成したそうだ。　Type12.004 は 2015 年にトレインワールド博物館の所属となり保存展示されている。

　開館日と時間は祝日を含む火曜日から日曜日(月曜日は休館)、10:00～17:00 だがチケット売り場は 15:30 にクローズなるので注意が必要。

旧駅のホールには像がお出迎え

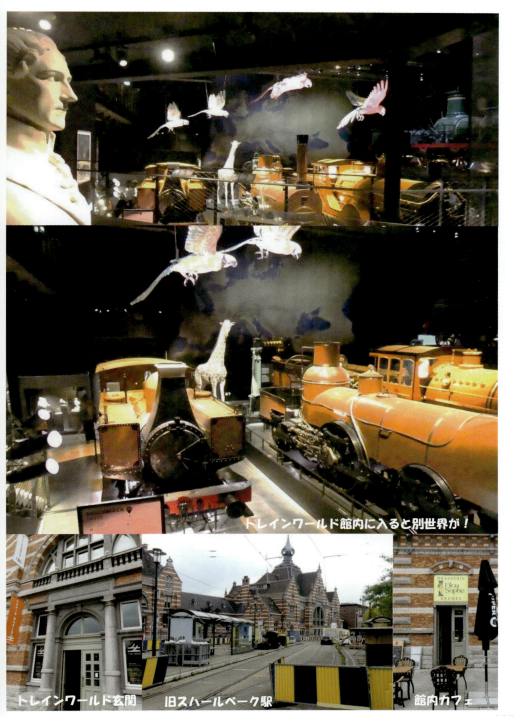

トレインワールド館内に入ると別世界が！

トレインワールド玄関　　旧スハールベーク駅　　館内カフェ

127

旧駅舎の玄関を入ると広いホールが当時を物語る。 チケット売り場も昔の切符売り場をそのまま活用、大人 10€の入場券に蒸機がプリントされワクワク感を盛り上げる。 模型の展示や昔のオフィスが再現され、当時の切符発行機やSNCBの制服が展示されている。 別館に入るとそこは別世界のベルギー国鉄の蒸気機関車群がスポットライトを浴びている。 ベルギーで初めて蒸気機関車が

トレインワールドの目玉 1939 年に登場した 12 型(NMBS/SNCB Type 12)

流線型の蒸気機関車 Type12 Atlantic

走ったのは 1835 年、ブリュッセル(Brussels)とメッヘレン(Mechelen)間を結ぶ 22 kmが開通している。 ここでは欧州で最古の歴史を持つ「鉄道の国」の歴史が蘇る。 ベルギー最古の機関車である「Pays de Waes」(1844 年製造)や 1939 年当時に世界最高速度を誇ったベルギー製の蒸気機関車「TYPE12」は鉄道ファンにとっては見逃せない。

# ブリュッセルトラム博物館 (Museum of Urban Transport Brussels)
## https://trammuseum.brussels/

　ブリュッセルトラム博物館に行くには、ブリュッセル中央駅(Bruxelles-Central)から地下鉄とトラムを乗り継ぎ約 30 分と近い。 地下鉄(№.1 号線)で約 7 分乗車、モンゴメリー(Montgomery)駅でトラム(路線№.39,44 系統)に乗り換え約 7 分乗車、トラム博物館停留所(Trammuseum/Musée du Tram )で下車すると目の前が博物館である。 開館は 4 月～9 月が毎土曜日と日曜日、3 月と 10～12 月は土曜か日曜日の 2～4 日/月と少なくなる。 オープン時間は 13:00 から 18:30 まで、チケットは博物館内の券売機で購入となり入館料のみは 9€、レトロトラムとバスもセットになったチケットは 13€。

　ブリュッセル都市交通博物館(MTUB)は、ブリュッセル交通協会(STIB)のメンバーと公共交通機関に数人のアマチュア愛好家によって 1982 年に設立された。 博物館の入るウォルウェデポ(Woluwe depot)、車庫はもともとアベニュー・デ・テルビュレン(Av. de Tervueren)通りに沿って運行する新しい路面電車のために 1897 年にオープン。 その建屋 3 ホールのうち一つは、美しい木製の屋根構造を持ち博物館所有の車両群を収容。 二つは現在も STIB によって運営およびトラム基地として使用されている。 建物は 2001 年 11 月 29 日にブリュッセル首都圏の歴史的記念物に指定された。 建物とコレクションを所有するのは STIB だが、博物館を管理および運営し、歴史的な車両を維持し、保有するレベルの高い技術で修復、これらの車両を定期的に運行するのはボランティアなのだ。

　週末の土曜日、日曜日と祝日には、歴史ある路線(Tervuren, Cinquantenaire, Stockel and BM)をレトロなトラムが博物館(Musée du Tram - Trammuseum)からテルヴュラン(Tervuren Station)停留所までの往復運行と、レトロなバスも同じく博物館からシューマン広場(place Schuman)までの往復運行もあるので是非乗車したい。 トラムに乗車すれば心地よいソワーニュの森(Forêt de Soignes)を走り抜け、レ

博物館　玄関

チョコレートトラムと呼ばれ
愛された路面電車 №428

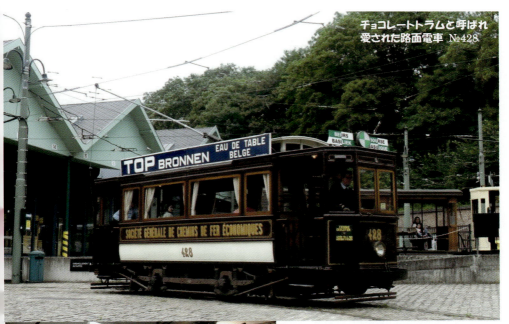

モンゴメリー
(Montgomery)駅で
トラムに乗り換え

博物館を出発し街中へ№428

トロ独特の乗り心地は堪らないだろう。 私が訪れた夕方にはブリュッセル市民にチョコレートトラムと呼ばれ愛された路面電車(No.428 運用は 1903～1935 年)が博物館を出発。 ブリュッセル市民によく知られている黄色のカラーリング「primerose」の路面電車(No.1348 運用 1914～1960 年)もトレーラーを牽引し博物館を出発。 No.1348 は出発前の車内や運転席、出発の様子も撮影できた。 入館チケット(9€)を購入、ブリュッセル都市交通博物館は、優れた車両の展示だけでなく、都市が近代的な大都市への変革を開始した 1850 年代以降のモビリティーの進化が良く分かる。 閉館時間 18:30 が迫り、急ぎ足で館内を見学したいので乗車はパスした。

受付 入場券売り場

131

博物館からトレーラ客車(№.224)を牽引するレトロトラム(№.1348)が出発。　本線に入る時には車掌さんが心配なのか、ポールが架線から外れていないか窓から体を乗り出し確認。　専用軌道を走り、ソワーニュの森の中へと約 30 分でループ状の終着停留所テルヴュラン(Tervuren Station)に着く。乗客の中にはここで降車し、テルビュレン公園(Park van Tervuren)の散歩や王立中央アフリカ博物館(Koninklijk Museum voor Midden-Afrika)を訪れる方もいるようだ。　この路線は定期運行のトラム路線(№.44 系統)なので、通常のトラムで戻るのも良いかも。　停留所で 12 分程休憩したのちループを廻り、博物館に戻るのだが、館内への入庫は一旦停止したのち、逆方向にトレーラを先頭にプッシュ運転で入る珍しい光景が見られるのだ。　因みに、レトロバスはトラムより早く約 15 分でテルヴュランバス停に着くが、往と復をレトロと組み合わせするのも面白い。　出発時、運転士は真剣に操作中だが車掌さんは気楽、良い顔している。　合図すると笑顔が返ってくる。

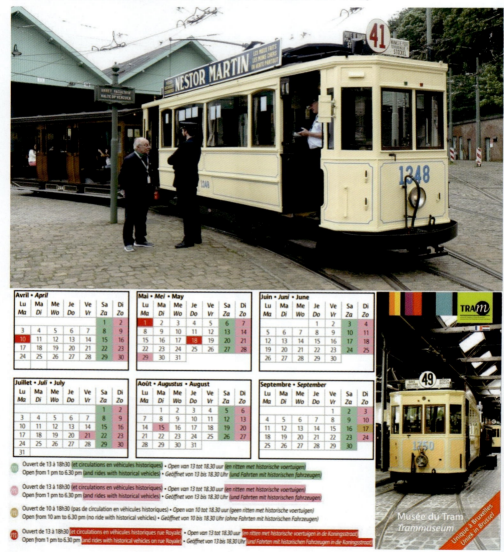

Horaires
*Dienstregeling*
Timetable • *Fahrplan*

Dimanche et jours fériés • Zon- en feestdagen • Sunday and public ho

Musée du Tram ↔ Tervuren Station
*Trammuseum ↔ Tervuren Station*

トラム博物館

| Musée du Tram - Trammuseum | 13.47 | 14.27 | 15.07 | 15.47 | 16.27 | 17.07 |
| Madoux | 13.52 | 14.32 | 15.12 | 15.52 | 16.32 | 17.12 |
| Auderghem Forêt - Oudergem Woud | 13.57 | 14.37 | 15.17 | 15.57 | 16.37 | 17.17 |
| Quatre Bras - Vier Armen | 14.03 | 14.43 | 15.23 | 16.03 | 16.43 | 17.23 |
| Tervuren Station | 14.11 | 14.51 | 15.31 | 16.11 | 16.51 | 17.31 |

テルビュレン

| Tervuren Station | 14.21 | 15.01 | 15.43 | 16.21 | 17.01 | 17.41 |
| Quatre Bras - Vier Armen | 14.33 | 15.13 | 15.53 | 16.33 | 17.13 | 17.53 |
| Auderghem Forêt - Oudergem Woud | 14.38 | 15.18 | 15.58 | 16.38 | 17.18 | 17.58 |
| Madoux | 14.42 | 15.22 | 16.02 | 16.42 | 17.22 | 18.02 |
| Musée du Tram - Trammuseum | 14.47 | 15.27 | 16.07 | 16.47 | 17.27 | 18.07 |

トラム博物館

Musée du Tram ↔ Merode ↔ Gare Centrale
*Trammuseum ↔ Merode ↔ Centraal Station*

トラム博物館

| Musée du Tram - Trammuseum | 13.37 | 14.57 | 16.17 | 17.37 |
| Merode | 13.47 | 15.07 | 16.27 | 17.47 |
| Schuman | 13.52 | 15.12 | 16.32 | 17.52 |
| Place du Luxembourg - Luxemburgplein | 13.57 | 15.17 | 16.37 | - |
| Gare Centrale - Centraal Station | 14.07 | 15.27 | 16.47 | - |

ブリュッセル中央駅

| Gare Centrale - Centraal Station | 14.12 | 15.32 | 16.52 | - |
| Madou | 14.19 | 15.39 | 16.59 | - |
| Schuman | | | | 17.58* |
| Merode | 14.32 | 15.51 | 17.12 | 18.00* |
| Musée du Tram - Trammuseum | 14.40 | 16.00 | 17.20 | 18.08* |

トラム博物館

133

　館内はベルギートラムのコレクションの宝庫、路面電車群が迎えてくれる。 塗装がチョコレート、濃緑、オリジナル黄色とカラフルな路面電車がオンパレードである。 馬車鉄道も一番良い場所に陣取り馬君も誇らしげである。 というのもブリュッセル市内における最初の軌道交通は、1869 年から営業運転を開始した馬車鉄道であったのだ。 馬車鉄道から引き継いだのは 1894 年から営業運転を開始した路面電車、2020 年現在、ブリュッセル市電は総延長 147 km・17 系統の路線網を有している。

134

チョコレートトラムと呼ばれ愛された路面電車 №428

レトロバスの運行

トレーラ客車(No.224)を牽引するレトロトラム(No.1348)

博物館の見学を終え、前の博物館停留所からトラム(No.8 系統)に乗車し、旧路面電車をフリッツ店にした「Le Tram De Boitsfort」へ行こうと停留所に向かうとチョコレートトラムが戻ってきたぞ。 乗客を降ろし博物館に入るのだが、一度館内敷地に入り停止、ポールを後ろに置き換え再度大通りへ、またまた停止しポールを後ろへ移動、再度博物館に入りやっと所定の館内に戻るという面白い光景が見られた。 どうやら大通りは複線の路線だがポイントが何時もの車庫位置に通じていなくて、スイッチバックの様な手順(A～H)をしたようだ。女性の車掌さんお疲れ様です。 トレーラー客車牽引の黄色トラムはまだ帰ってこないなあ……。 レトロバスが戻って来たぞ。

137

ブリュッセルトラム博物館のおまけ編として、ブリュッセル郊外(Watermaal-Bosvoorde 地区)にある旧路面電車をフリッツ店にした「Tram de Boitsfort」を訪れてみよう。フリッツと言えばベルギーの国民食で郷土料理の単なる付け合わせでなく、街中のカフェでも雑談しながら気楽に食べられるじゃが芋をカットし、揚げたカリカリ黄金色のフライドポテトだそうだ。トラム博物館(Trammuseum)停留所からトラム(№8系統)に乗車し約13分、ウィナー(Wiener)停留所で下車すると目の前の広場

にカラフルな旧トラムが。トラム前面の上部にオープンの看板が目立っている。が、行き先案内は無し……ここに居座っているので当然かも。トラム周辺にパラソルが開いたオープン席があるので席に座りベルギーの味をカリカリと楽しむ熟年男。土砂降りの雨だ。

営業は月曜日から木曜日の11:30〜14:30、18:00〜22:00まで、金曜日と土曜日は11:30〜14:30、18:00〜22:00まで、日曜日は11:30〜22:00まで、定休日は火曜日となっている。

ブリュッセル中央駅への戻りは、同じくウィナー停留所からトラム(№8系統)で約18分乗車、ロンドビーク(Roodebeek)停留所下車し地下鉄(1号線)に乗り換え約12分で中央駅着となる。

138

## ロブ・チュワン保存鉄道(ASVi)
### (Tramway Historique Lobbes-Thuin)
ASVi:Association pour la sauvegarde du Vicinal

https://museedutramvicinal.be/

チュワン(Thuin)トラム博物館停留所を起点に、ディーゼルトラムと電気トラムが走る

　ベルギーの首都ブリュッセル、中央駅(Bruxelles-Central)からベルギー国鉄(SNCB)で南へ、途中シャルルロワ南駅(Charleroi Sud)でフランスとの国境の駅であるエルクリンヌ(Erquelinnes)行きのローカル線に乗り換えて、約1時間30分でチュワン(Thuin)駅に着く。　駅からサンブル川(Sambre)に架かる橋を渡り、橋の端から右へ進むと川沿いの道、トエルストゥヴァン通り(Rue t'Serstevens)にはトラム停留所(Thuin Ville Basse)がある。トラム全盛時にはこのチュワン停留所からシャルルロワの街中まで運行していた。　船着き場のある河畔、樹木が美しい停留所広場である。　当時、トラムが発着していた田舎町の賑やかな風景が目に浮かぶが、今では保存鉄道の運行日のみ電気トラムがやってくる。　路線に沿って歩くと保存鉄道の踏切が見えてくるが、路線は右に曲がりこの先で合流している。　踏切から左へ路線に沿って歩くとロブ＝チュアン保存鉄道(Tramway Historique Lobbes-Thuin)の車両基地、今では始発・終着の起点停留所でもあるトラム博物館(Musée du Tram)がある。

　保存トラムが走るこの路線は、以前シャルルロワ(Charleroi)の市街地からチュワンの田舎迄を結んでいたトラム路線の一部、廃線を免れた南端の残存区間である。　沿線ではロッブ(Lobbes)にあるカトリック教会(Collégiale Saint-Ursmer de Lobbes)やチュワンにあるユネスコの世界遺産に指定されている鐘楼(Belfry of Thuin)等の歴史的建造物をトラムの車窓から眺め、鉄道と地元の文化遺産に触れることができる。

　運行日は主に4月から10月まで、ホームページに記載のカレンダーでは緑、オレンジ、ピンク、紫、薄い黄、赤、青ときめ細かい運転日と運転時間を設定している。　オレンジと赤の特別イベント時には蒸機(Vapeur)の運行もある。　このレトロなスチームトラム(型式:HL303)は1887年製造の珍

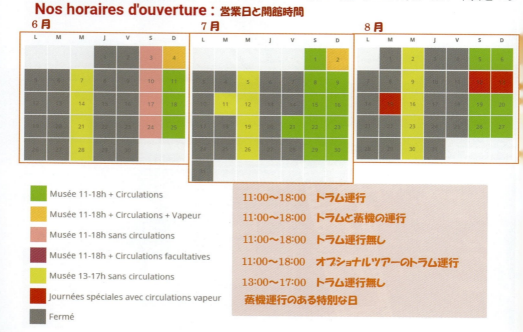

140

しい貴重なボックスタイプの蒸機、何時もは博物館（車庫兼用）内に保存展示されているので見逃さないようにして欲しい。 旅スケジュールの都合で訪れたのは 8/2、黄色表示の日はトラムの運行はないが博物館は 13:00 から開館。 お目当てのディーゼルトラムについて聞くと、スタッフが暇なので案内してくれ、「このベルギーで唯一のディーゼルトラムなのだ」と誇らしげに語ってくれた。

トラム博物館(Musée du Tram)の扉を開くと鉄道遺産の宝庫

世界遺産の鐘楼(Belfry of Thuin)　　サンブル川(Sambre)に沿って歩く

141

　博物館の 13:00 開館前に行くと、玄関の扉には案内掲示。　博物館の営業日は水(13:00〜17:00)、土,日,祝日(11:00〜18:00)、トラムの運行サービスは4月から10月末まで毎週日曜日と祝日(13:00〜17:30)等案内しているが、詳細はホームページ https://museedutramvicinal.be/参照。　博物館前のヤードには貨車が寂しく駐機、トラム運行日には Thuin Ville Basse 停留所に出張し駐車禁止案内の看板仕事が待っている。　開館を待っているのは一人のみなので心細いが、13:00 ジャストに扉が開く。　スタッフに案内され会館内受付で入場チケット(5€)、スタッフは今日トラムの運行は無いですよと申し訳なさそう。

ロブ～チュワン保存鉄道の運行は、チュワン(Thuin)の起点停留所でもあるトラム博物館(Musée du Tram)から北と南の2路線がある。 この両路線に珍しいディーゼルトラムが走り、乗客が多い日や特別イベント時にはなんと客車や貨車も牽引するのだ。

北路線は、シャルルロワ(Charleroi)の市街地からチュワンの田舎町を結んでいた残存旧線の区間である。 当時はサンブル川畔、町中の停留所(Thuin Ville Basse)が終着・始発であったが、今では保存鉄道の運行日のみ使用される。 現在はチュワン町中から西へ少し離れたところにあるトラム博物館駅が起点停留所である。 博物館駅から出発しベルギー国鉄(SNCB)の路線を潜り、90度カーブすると国鉄路線に並行に走る。 隣町ロブ(Lobbes)を通るのだが、車窓からはカトリック教会(Collégiale Saint-Ursmer de Lobbes)の塔が見える。 ベルギーらしい田舎の専用軌道を進むと幹線道路(N559)に合流し併用軌道となる。 ここが(LOBBES Entreville)停留所、路線バスのバス停でもある。 この先は併用軌道を少

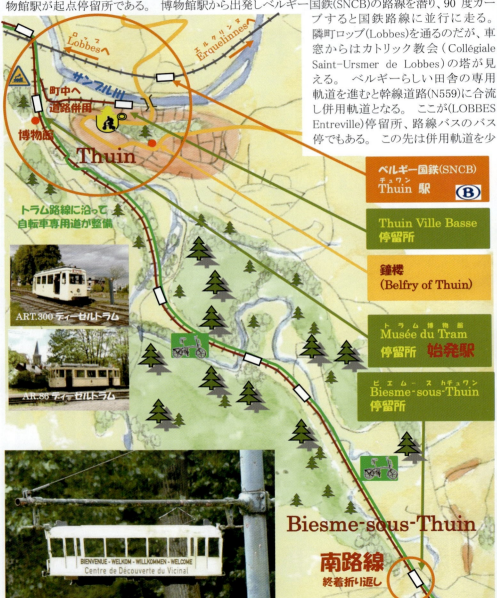

し走ると、折り返しの停留所(LOBBES 4 Bras)に着く。 道路を見ると線路にはポイントが残り、この停留所では列車交換をしていたようだ。 この先はホームページ上の地図で路線が赤い点線で示され、今後伸延される予定らしい。

南路線は、以前ベルギー国鉄がロッブ(Lobbes)からチュワン(Thuin)の手前で分岐し、現在の保存鉄道の ASVi トラム博物館駅となっている旧チュワン西(Thuin Ouest)駅を通る路線があった。 路線はさらに南のビエム＝ス＝チュワン(Biesme-sous-Thuin)を経てシメイ(Chimay)まで、フランスとの国境近くに沿って走る約 50 kmの標準軌路線だったそうだ。 その路線の一部、旧チュワン西(Thuin Ouest)駅からビエム＝ス＝チュワン(Biesme-sous-Thuin)付近までの廃線をメーターゲージ(軌間：1000 mm)に改軌し、ディーゼルトラムを運行している。 尚、路線は複線を単線にし、代わりに路線と並行に快適な自転車道が整備されているようだ。

訪れた日、博物館前の構内ヤードにはサンブル川沿いのメインストリート、トエルストゥヴァン通り(Rue t'Serstevens)にあるトラム停留所(Thuin Ville Basse)に設置する「本日はトラムの運行日ですから車を駐車しないで下さい」という案内看板用の貨車が駐機していた。

地図内のトラム写真は ASVi ホームページより

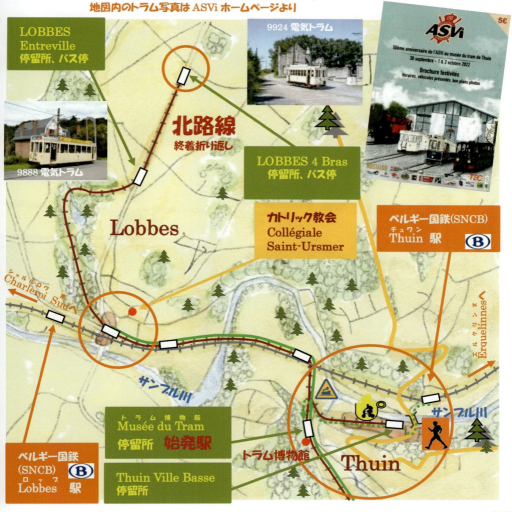

145

トラム博物館（車庫兼用）内はレトロな各種トラム（電気、ディーゼル、スチーム）の動態保存車両群の宝庫となっている。 チケットカウンター横には主役の電気トラム（型式：10308、1932 年製造の型式：9888）が駐機し、運行日には正面北ゲートから直ぐに仕事始めができる位置、特等席なのだ。車内のシートカバーが違うが、車内構造と運転席の機器類は同一仕様のようである。 型式：10308は 1942 年 Ateliers Baume & Marpent 社製造　240 馬力　最高速度 70 km/h。 型式：9888 は 1932年 Ateliers Anglo-Franco-Belge 社製造　140 馬力　最高速度 60 km/h の仕様を持つ。 通路を挟んでバーレストランカウンター横にも電気トラムが、型式：9924 は 1931 年 Ateliers de La Dyle 社製造

電気トラム 10308　　　　　　　　　　　　　　　　　　　　　　　10308 車内

10308 運転席

146

150 馬力　最高速度 60 km/h。　3 基は玄関側北ゲートから出庫し、電化されている北路線を走る。

スチームトラム(型式:HL303)は1887年 Société anonyme de construction La Métallurgique 製造の珍しい貴重なボックスタイプの蒸機。300馬力 最高速度 30 km/h タイプ7シリーズに属しベルギーで最も古い現役機関車だそうだ。博物館の一番奥に駐機しカレンダー表示がオレンジと赤の

148

特別運行日には裏の南ゲートから仕事に出掛ける。 道路上に線路が敷設された併用軌道での使用を目的とし、車体側面の車輪やロッドをカバーし安全を考慮した構造としている。 2023 年ではカレンダーの赤色表示は 8/12,13,15 となり、毎年この時期に訪れたいものだ。

トラム博物館で保有運行しているディーゼルトラムは、AR.86、ART.300 の 2 機種で北と南の両路線を運行している。　スタッフがベルギーで唯一のディーゼルトラムだと自慢気に案内してくれたのは ART300、1949 年 SNCV Andenne and Kessel-Lo 社製造 ART300。　この機種はトラムというよりは貨物牽引用に製造されたディーゼル気動車なのだが、貨客混合牽引も行い、ナミュール

ART300 ディーゼル気動車

(Namur-Luxembourg)、ワロン地方のエノー州( Hainaut)、ブリュッセル（Brussels groups)で活躍した。 1970年代の終わりに、シャルルロワライトメトロの建設工事に使用され、今は ASVi に所属。

ART300 運転席

151

サンブル川沿いのメインストリート、トエルストゥヴァン通り(Rue t'Serstevens)にあるトラム停留所(Thuin Ville Basse)は車の駐車場となり、今日のトラム運行はないので住民の方は良く知っていてちゃっかりしている。 運行日には駐禁案内の貨車が置かれ、運行が無い日は停留所エリアは駐車場と変身する。 ロブ〜チュワン保存鉄道は、トラム博物館見学と動態保存されたディーゼルと電気トラムの実車体験もでき、鉄道好きには堪らない一日を楽しませてくれるのだ。 今回はトラムの運行は乗車ができなかったが、帰り道にはトエルストゥヴァン(Rue t'Serstevens)通りのレストランやショップに誘惑されながらふと見上げると、ユネスコの世界遺産に指定されている鐘楼(Belfry of Thuin)、塔からチュワンの景色は素晴らしいだろう。 サンブル川に沿って散策し、川に浮かぶ船のレストラン"Au P'tit Batia"で夕食、地ビールで乾杯しようと思っていたがコロナ禍で閉店したようだ、残念。 ベルギー国鉄(SNCB) Thuin(チュワン)駅では、駅の地下連絡通路は壁画芸術のオンパレードだ。 地下道は味気ないコンクリートの灰色より安心感があり、暗くても怖くなく楽しい。

こちらも芸術顔 1

トラム停留所(Thuin Ville Basse)

店の軒下で雨宿り
トエルストゥヴァン通り(Rue t'Serstevens)

地下連絡通路は芸術

こちらも芸術顔 2

ベルギー国鉄(SNCB)の 41 形気動車は 2000 年からアルストム(Alstom)のバルセロナにある工場で 96 編成が製造された。最高速度が時速 120km、座席はクロスシート、2 両編成である。

153

# ボック川鉄道 (Le Chemin de Fer du Bocq)
## シネイ(Ciney)〜イヴォワール(Yvoir)間の鉄道
ボック川(Le Bocq)に沿って走る　長さ 20.7km の標準軌線　www.cfbocq.be

　ベルギーの首都ブリュッセル、中央駅(Bruxelles-Central)からベルギー国鉄(SNCB)で、ベルギー南部のワロン地域にあるナミュール州の州都、ナミュール(Namur)を経由してシネイ(Ciney)駅に約 1 時間 30 分(直通又は 1 回乗り換え)で着く。 ボック川鉄道 (Le Chemin de Fer du Bocq)は起点となる始発駅スポンタン(Spontin)からシネイ駅の近くまでやってくるのだが、何故か折り返し帰ってしまう。 路線は繋がっているのにシネイ駅に入れさせてくれないのだ。 不思議発見である。 シネイ駅前のバス停(Ciney Gare d'autobus)から路線バス(No.129,128)に乗車して約 20 分、バス停(SPONTIN Gare)で下車すればボック川鉄道スポンタン駅は直ぐ近くである。 このバスは朝の本数が少ないというよりは無いので、AM8:20 発のバス(No.129 系統)に必ず乗るようにして、バス停(SPONTIN Gare)に AM8:35 着。 ボック川鉄道の始発が PM0:15 なので十分すぎるほど時間がある。 因みに、帰りも本数が少なくバス停(SPONTIN Gare)PM5:55 発のバス(No.129 系統)に乗れば、シネイ駅に PM18:09 に着く。

　ボック川鉄道 (Le Chemin de Fer du Bocq)はシネイ(Ciney)〜イヴォワール(Yvoir)間の鉄道であり、マース(ムーズ)川の支流ボック川にちなんで名付けられた。 長さ 20.7km の標準軌線はアロワ(Hallov)、ブレバン(Braibant)、スネヌ(Senenne)、スポンタン(Spontin)、ドリヌ(Dorinne)、ピュルノード(Purnode)、エヴルアイユ(Evrehailles)経由で、シネイとイヴォワールを結んでいる。 路線では、3 本のトンネルと 5 本の高架橋を通過する。 この路線は 1890 年から 1907 年にかけて建設されたが、1960 年に旅客輸送が、1983 年には貨物輸送も廃止された。 1992 年以来、鉄道遺産・観光協会(PFT)が主に夏の週末と学休期間中に、路線で保存列車を走らせている。 8 月の第 2 週末、金曜から日曜にかけて、大規模な蒸気フェスティバルが催される。

　主な稼働可能な蒸気機関車は、クルップ(Krupp) 3113、1953 年製とＰ 8 形 64.169、ヘンシェル社 1921 年製。 運用中の主なディーゼル機関車は、202.020、AFB 社 1955 年製と・6077、コッカーリル社 1961 年製。 気動車は黄色と赤のツートンカラーが似合う AR4602、Ragheno 社 1952 年製、2023 年 8/4(金)訪問時の運行担当をしてくれたレールバスである。

## CHEMIN DE FER DU BOCQ
### INDICATEUR DE SERVICE - SAISON 2023

#### TRAINS REGULIERS - DATES

**JOURS VERTS** : Circulations des trains réguliers **SANS** accès à la gare de Ciney SNCB (LC)
**JOURS JAUNES** : Circulations des trains réguliers **AVEC** accès à la gare de Ciney SNCB (LC)

| AVRIL | MAI | JUIN | JUILLET | AOUT | SEPTEMBRE | OCTOBRE | NOVEMBRE |
|---|---|---|---|---|---|---|---|
| Sa 1 | Lu 1 | Je 1 | Sa 1 | Ma 1 | Ve 1 | Di 1 | Me 1 |
| Di 2 | Ma 2 | Ve 2 | Di 2 | Me 2 | Sa 2 | Lu 2 | Je 2 |
| Lu 3 | Me 3 | Sa 3 | Lu 3 | Je 3 | Di 3 | Ma 3 | Ve 3 |
| Ma 4 | Je 4 | Di 4 | Ma 4 | Ve 4 | Lu 4 | Me 4 | Sa 4 |
| Me 5 | Ve 5 | Lu 5 | Me 5 | Sa 5 | Ma 5 | Je 5 | Di 5 |
| Je 6 | Sa 6 | Ma 6 | Je 6 | Di 6 | Me 6 | Ve 6 | Lu 6 |
| Ve 7 | Di 7 | Me 7 | Ve 7 | Lu 7 | Je 7 | Sa 7 | Ma 7 |
| Sa 8 | Lu 8 | Je 8 | Sa 8 | Ma 8 | Ve 8 | Di 8 | Me 8 |
| Di 9 | Ma 9 | Ve 9 | Di 9 | Me 9 | Sa 9 | Lu 9 | Je 9 |
| Lu 10 | Me 10 | Sa 10 | Lu 10 | Je 10 | Di 10 | Ma 10 | Ve 10 |
| Ma 11 | Je 11 | Di 11 | Ma 11 | Ve 11 | Lu 11 | Me 11 | Sa 11 |
| Me 12 | Ve 12 | Lu 12 | Me 12 | Sa 12 | Ma 12 | Je 12 | Di 12 |
| Je 13 | Sa 13 | Ma 13 | Je 13 | Di 13 | Me 13 | Ve 13 | Lu 13 |
| Ve 14 | Di 14 | Me 14 | Ve 14 | Lu 14 | Je 14 | Sa 14 | Ma 14 |
| Sa 15 | Lu 15 | Je 15 | Sa 15 | Ma 15 | Ve 15 | Di 15 | Me 15 |
| Di 16 | Ma 16 | Ve 16 | Di 16 | Me 16 | Sa 16 | Lu 16 | Je 16 |
| Lu 17 | Me 17 | Sa 17 | Lu 17 | Je 17 | Di 17 | Ma 17 | Ve 17 |
| Ma 18 | Je 18 | Di 18 | Ma 18 | Ve 18 | Lu 18 | Me 18 | Sa 18 |
| Me 19 | Ve 19 | Lu 19 | Me 19 | Sa 19 | Ma 19 | Je 19 | Di 19 |
| Je 20 | Sa 20 | Ma 20 | Je 20 | Di 20 | Me 20 | Ve 20 | Lu 20 |
| Ve 21 | Di 21 | Me 21 | Ve 21 | Lu 21 | Je 21 | Sa 21 | Ma 21 |
| Sa 22 | Lu 22 | Je 22 | Sa 22 | Ma 22 | Ve 22 | Di 22 | Me 22 |
| Di 23 | Ma 23 | Ve 23 | Di 23 | Me 23 | Sa 23 | Lu 23 | Je 23 |
| Lu 24 | Me 24 | Sa 24 | Lu 24 | Je 24 | Di 24 | Ma 24 | Ve 24 |
| Ma 25 | Je 25 | Di 25 | Ma 25 | Ve 25 | Lu 25 | Me 25 | Sa 25 |
| Me 26 | Ve 26 | Lu 26 | Me 26 | Sa 26 | Ma 26 | Je 26 | Di 26 |
| Je 27 | Sa 27 | Ma 27 | Je 27 | Di 27 | Me 27 | Ve 27 | Lu 27 |
| Ve 28 | Di 28 | Me 28 | Ve 28 | Lu 28 | Je 28 | Sa 28 | Ma 28 |
| Sa 29 | Lu 29 | Je 29 | Sa 29 | Ma 29 | Ve 29 | Di 29 | Me 29 |
| Di 30 | Ma 30 | Ve 30 | Di 30 | Me 30 | Sa 30 | Lu 30 | Je 30 |
|  | Me 31 |  | Lu 31 | Je 31 |  | Ma 31 |  |

Le Chemin de Fer du Bocq (CFB) est une organisation de l'asbl **Patrimoine Ferroviaire et Tourisme** (PFT)

始発駅スポンタン（Spontin）

型式 AR4602 レールバス

型式 AR4602 レールバス運転席

155

主な運行日は7月と8月の金～日曜日、9月と10月の土曜日の数日と日曜日となる。ホームページのカレンダーでは緑、黄、オレンジ色に区分され、訪問日をクリックすると時刻表が表示される。訪問日の8月は金曜日なので緑印、レールバスのみの運行で3往復となる。　毎年8月のフェスティバルには蒸気機関車とディーゼル機関車の牽引する特別列車の運行があり、シメイ駅まで乗り入れているのだが、2023年には行われないようだ。　緑と黄色の運行日はレールバスが運転となるのだが、緑はシメイ駅手前で折り返しとなり、黄色はシメイ駅に乗り入れる。

　運行のレールバスは2機種保有している。　赤と黄色のツートンに塗装されている4602(型式554 02)と、標準色の濃緑に塗装された4618(型式554 18)だが型式は同一。　第二次世界大戦後にベルギー国鉄(NMBS/SNCB)の554シリーズとして製造された2軸レールバス(軌間:1435 mm)で、1950～1952年にベルギーのトラック、電車、バスのメーカーであったBrossel社により計20台製造されている。　1990年代の後半に引退したが、コンパクトでメンテナンスが容易なことから多くは博物館に保存され、保存鉄道の特別運行日に活躍している。

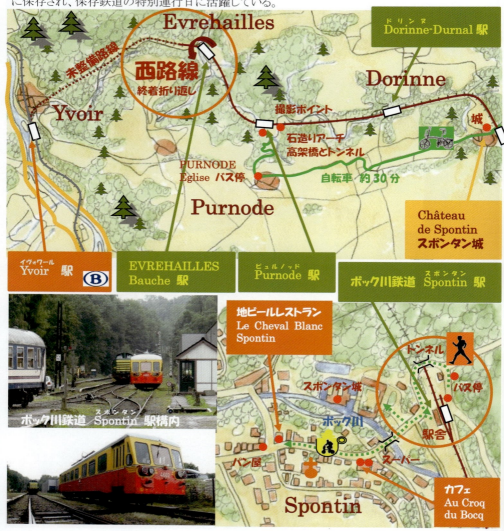

156

# CHEMIN DE FER DU BOCQ
## INDICATEUR DE SERVICE - SAISON 2023

### TRAINS REGULIERS - HORAIRES

**JOURS VERTS** : Circulations des trains réguliers **SANS** accès à la gare de Ciney SNCB (LC)
**JOURS JAUNES** : Circulations des trains réguliers **AVEC** accès à la gare de Ciney SNCB (LC)

| HORAIRE SANS ACCES A LA GARE DE CINEY | | | | HORAIRE AVEC ACCES A LA GARE DE CINEY | | | |
|---|---|---|---|---|---|---|---|
| Spontin (MSP) | 11.00 | 13.00 | 15.00 | Spontin (MSP) | 11.00 | 13.00 | 15.00 |
| Braibant (BGI) | 11.16 | 13.16 | 15.16 | Braibant (BGI) | 11.16 | 13.16 | 15.16 |
| CFB / B (LC) - Arrivée | 11.18 | 13.18 | 15.18 | Ciney SNCB (LC) - Arrivée | 11.23 | 13.23 | 15.23 |
| B / CFB (LC) - Départ | 11.22 | 13.22 | 15.22 | Ciney SNCB (LC) - Départ | 11.30 | 13.30 | 15.30 |
| Braibant (BGI) | 11.24 | 13.24 | 15.24 | Braibant (BGI) | 11.35 | 13.35 | 15.35 |
| Spontin (MSP) - Arrivée | 11.40 | 13.40 | 15.40 | Spontin (MSP) - Arrivée | 11.51 | 13.51 | 15.51 |
| Spontin (MSP) - Départ | 11.42 | 13.42 | 15.42 | Spontin (MSP) - Départ | 11.55 | 13.55 | 15.55 |
| Dorinne-Durnal (MDD) | 11.50 | 13.50 | 15.50 | Dorinne-Durnal (MDD) | 12.03 | 11.03 | 15.03 |
| Purnode (MPN) - Arrivée | 11.58 | 13.58 | 15.58 | Purnode (MPN) - Arrivée | 11.58 | 13.58 | 15.58 |
| Purnode (MPN) - Départ | 12.03 | 14.03 | 16.03 | Purnode (MPN) - Départ | 12.11 | 14.11 | 16.11 |
| Bauche (PN 6) - Arrivée | 12.07 | 14.07 | 16.07 | Bauche (PN 6) - Arrivée | 12.15 | 14.15 | 16.15 |
| Bauche (PN 6) - Départ | 12.10 | 14.10 | 16.10 | Bauche (PN 6) - Départ | 12.18 | 14.18 | 16.18 |
| Purnode (MPN) | 12.14 | 14.14 | 16.14 | Purnode (MPN) | 12.22 | 14.22 | 16.22 |
| Dorinne-Durnal (MDD) - Arrivée | 12.22 | 14.22 | 16.22 | Dorinne-Durnal (MDD) - Arrivée | 12.30 | 14.30 | 16.30 |
| Dorinne-Durnal (MDD) - Départ | 12.30 | 14.30 | 16.30 | Dorinne-Durnal (MDD) - Départ | 12.40 | 14.40 | 16.40 |
| Spontin (MSP) | 12.38 | 14.38 | 16.38 | Spontin (MSP) | 12.48 | 14.48 | 16.48 |

Le **Chemin de Fer du Bocq** (CFB) est une organisation de l'asbl **Patrimoine Ferroviaire et Tourisme** (PFT)

型式 AR4602 レールバス

ボック川鉄道（Le Chemin de Fer du Bocq）が保有するシネイ（Ciney）～イヴォワール（Yvoir）間の路線 Ligne 128（ベルギー国鉄の路線管理番号）は、1世紀以上も前の1898～1907年に鉄道が開通した。　ボック川渓谷沿いの路線には石造りアーチ高架橋、トンネル、橋梁等の建造物が遺産として残され、ベルギーで最も美しい鉄道の一つなのだ。　1960年に旅客輸送が廃止され、バスサービスに置き換えられた。　貨物輸送も順次廃止され1983年には完全閉鎖が発表された。　1992年から「Patrimoine Ferroviaire et Tourisme」非営利団体の「鉄道遺産・観光協会」が保存鉄道として運営している。　路線途中にはスポンタン駅の他 4 駅があり、 ほとんどの駅は村から離れた場所なので村人は駅まで少し歩く必要があった。 しかし、駅には隣接した採石場（石灰岩）があり、引き込み線で繋がり、貨物輸送を行っていた。
　スポンタン（Spontin）駅を出発、ほどなく走ると右に大きくカーブする。　ルクセンブルクへの幹線路線に並走するとブレバン（Braibant）駅を過ぎると Ciney（シネイ）駅に向かわずトコトコと停止してしまう。　折り返し今走ってきた路線を戻ることになる。　今度は車窓からの景色を楽しもう。　フランス北東部を水源としベルギーを流れオランダで北海へ注ぐムーズ川（Meuse）の支流であるボック川（Bocq）の渓谷に入って行く。　川に沿って走り、小さな村スネンヌ（Senenne）を横切り、蛇行する川に並行に走ると間もなく、歴史ある石造りの駅舎が自慢であるスポンタン（Spontin）駅に戻る。　今ではこの駅が保存鉄道の始発・起点駅となり、毎年8月に大規模な蒸気フェスティバルが催され蒸気機関車やディーゼル機関車が牽引する特別列車が運行される。　今度は西路線方面に駅を出発すると500mを超える長いトンネルで丘を横切り、トンネルを出ると飲料工場（Sources de Spontin）の横を走り、こちらも歴史を感じさせられる駅舎のある Dorinne-Durnal 駅に着く。　ここからがこの路線の最大の見せ場、ハイライトが始まり、ピュルノッド（Purnode）駅までの2kmの区間では、3か所以上のトンネルと5か所の高架橋と息をのむような自然が迎えてくれる。　ピュルノッド駅のすぐ傍には石造り3連アーチ高架橋があり、トンネルを出て高架橋を渡る列車を撮影できるベルギー鉄ちゃんの人気撮影ポイントとなっている。　列車はこの先の EVREHAILLES　Bauche 駅で折り返しとなる。　ここでは乗客全員が下車しガイドの引率で近くにある石造りのアーチ橋ビュースポットへ案内してくれるのは

158

嬉しいサプライズ。 運営するボランティア団体である鉄道遺産・観光協会の最終的な目標は、これらの路線を完全に維持管理し、シネイ(Ciney)～イヴォワール(Yvoir)間の全線運行だそうだ。

　朝早く訪れると駅のホームには蒸気やディーゼル機関車が運行時に牽引する客車 3 両が置かれている。 ドアが開き品の良い老婆さんが顔を出してご挨拶。 案内看板やのぼりを準備し始めた。 時間が近づくと乗客が集まり始めると、ここがチケット売り場なんだと気が付いた私、なるほど。隣の客車は特別イベント時に運行されるレストランカーのようだ。 老婆さんから変身したスタッフからチケットを購入(14€)、11:00 スポンタン(Spontin)を出発。 車掌さん兼ガイドさんもシルバーボランティアで日本流にいえば語り部、この歳でボランティアとして誇りと生き甲斐を感じられる車掌さんは凄い。

159

ピュルノッド(Purnode)駅

ピュルノッド(Purnode)駅

　自然豊かな路線を左右上下に揺られながら3連トンネルを過ぎると石造りのアーチ橋を渡る。 ワンは先頭の特等席に陣取る。 レールバスはトコトコと時速30kmの世界、心地よいレールの振動を楽しんでいると山間にあるポツンと一軒家の Purnode(ピュルノッド) 駅に停車する。 人気の語り部である車掌さんの案内で緑に囲まれた癒されるアーチ橋ビューポイントへ。 乗客は満足顔で再乗車し、終着折り返しの EVREHAILLES Bauche 駅に到着。 停止の看板がありこの先は廃線というよりは未整備区間だそうで、この先のベルギー国鉄駅イヴォワール(Yvoir)までの運行が待たれる。

EVREHAILLES Bauche 駅

161

# マリアンブールの三つ谷蒸気鉄道
## (Chemin de Fer à Vapeur des 3 Vallées, Mariembourg)
### マリアンブール(Mariembourg)～トレーニュ(Treignes)までの保存鉄道、以前はこの先の国境を越え、フランスのヴィルー＝モラン(Vireux-Molhain)駅までの路線があった

www.cfv3v.eu

　ベルギーの首都ブリュッセル、中央駅(Bruxelles-Central)からベルギー国鉄で南へ約2時間「途中シャルルロワ南駅(Charleroi Sud)でクーヴァン(Couvin)行きの気動車に乗り換え」、マリアンブール(Mariembourg)駅に着く。　駅前から徒歩約 10 分で三つ谷蒸気鉄道(CFV3V:Chemin de Fer à Vapeur des 3 Vallées)の煉瓦造りの扇形機関庫が見えてくる。

　マリアンブール(Mariembourg)からフランス方面の標準軌路線は、1966年から1977年の間に廃止された。　機関庫内にある保存鉄道駅、マリアンブール(Mariembourg)駅から国境駅トレーニュ(Treignes)までの長さ 14km の区間で、三つ谷蒸気鉄道が走っている。　三つ谷とは、ヴィロワン川(Viroin)川の谷と、源流であるオー・ノワール(Eau Noire)の谷と、オー・ブランシュ(Eau Blanche)の谷のことである。　路線上に、ニーム(Nismes)、オロワ・シュル・ヴィロワン(Olloy-sur-Viroin)、ヴィエルヴ・シュル・ヴィロワン(Vierves-sur-Viroin)の各駅があり、オロワの近くで長さ485m のレ・ザバネトンネル(Tunnel Les Abannets)を通り抜ける。　終点トレーニュでは、駅前広場(Place de la Gare)に大きな鉄道博物館が置かれている。　蒸気鉄道博物館(Musée du Chemin de Fer à Vapeur)は、3～6月と9～11月が火～金曜の10～17時、土日祝日の10～18時、また7月と8月は毎日 10～18時の間、開館している。　1973年に設立された協会が、博物館と観光列車を運営している。

　運行日は、4月初めから11月1日までの毎週末および祝日と、7月最初の週末から8月末の間が毎週火、水、木曜、7月15日から8月15日までが毎金曜、そしてクリスマス前の週末、イースター週末の3日間である。　多くの特別列車があり、例えば、2月の3日間は聖バレンタイン列車、9月は

マリアンブール(Mariembourg)駅の跨線橋から撮影　蒸機の煙が見え、早くおいでよと！

ご当地グルメ「地方の特産品（Produkte der Region）」列車、10月末にはハロウィーン列車、12月中旬にはサンタクロース列車、そして9月の週末には蒸気フェスティバルが祝われる。協会には、蒸気機関車24両（内9両動態保存）、ディーゼル機関車15両、レールバス12両、電気機関車1両がある。現在、9両の蒸気機関車が稼働可能だそうだ。訪問当日にマリアンブール（Mariembourg）駅に着くと大粒の雨、ベルギー国鉄の自慢の顔は芸術だろうか。

マリアンブール (Mariembourg) 駅からクーヴァン(Couvin)ゆきの列車が通過する踏切を渡ると、三つ谷蒸気鉄道(CFVV)の煉瓦造り扇形機関庫がある。 この時期はチケット売り場が混雑して長蛇の列である。 担当する蒸機は給水作業中、型式は AD05 1926 年ベルギーの Ateliers métallurgiques, Tubize 社で製造され炭鉱で働いた。 2006 年に復元され三つ谷蒸気鉄道で活躍中。 14:20 出発、緑に囲まれたヴィロワン川の谷を走り、ヴィロワン自然保護区 Réserve naturelle du Viroin の風景を車窓から眺めながらの14km、約 30 分でかつての国境駅トレーニュ Treigne に 14:50 到着する。

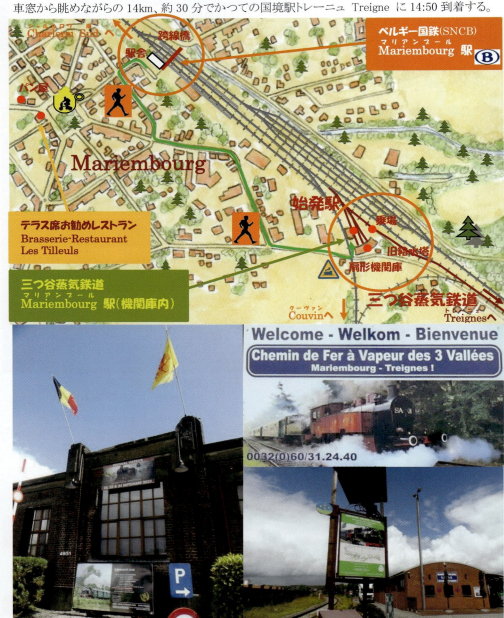

扇型機関庫　　AD05 給水作業中

マリアンブール（Mariembourg）駅に到着　大粒の雨に遭遇、ベルギー国鉄の顔は男前！

今日の運行は緑色カレンダーの日なので、レールバスが2往復と蒸気が1往復のタイムテーブルとなる。 グリーン系ツートンに塗装された型式:554.10 は朝一番の 11:30 発で国境駅トレーニュ(Treignes)に出発済。 もう直ぐ戻ってくるかも。 蒸機は1926年ベルギー製の型式:AD05 が出番のようで、給水と給炭作業が忙しい。 出発まで時間の余裕があるので、構内と機関庫内の見学をしよう。 屋外にはドイツで第二次世界大戦中 6151 台も製造された 52 型、旧東ドイツ(DR)からやって来た 52-467 号機が静態保存されている。 今日は晴れたり曇ったり雨と忙しい。 AD05 蒸気機関車は給水作業の真っ最中、機関室の床に丸太木材が準備されている不思議発見。 暖機運転に使用されたのだろうか、罐には石炭を投入している。 蒸機はマリアンブール(Mariembourg)駅からは後ろ向きに出発、客車先頭に連結、準備を終え出発前の機関士もリラックスできるひと時である。

機関庫と構内　AD05 蒸気機関車は給水・給炭と真っ最中
目の前のポイントは、三又分岐で珍しいが操作が難しい?

166

グリーン系ツートンに塗装されたベルギー国鉄版レールバス型式：554.10 が戻ってきた。13:40 着の予定だが 20 分遅れの到着だ。 運転手に了解をもらい運転席と車内を撮影することができた。 14:20 発の蒸機の牽引する列車で、国境駅トレーニュ（Treignes）まで往復乗車し戻ると、運よく 17:30 発のベルギー国鉄で使用されていたディーゼル気動車型式：4407 が入線、この気動車は 1954 年に 10 台製造された内の一台。私を含め皆 SL に乗車し満足顔で家路を急いでいるが、というのも出発が遅いので戻りが 18:40 になるためやむなくパスしてしまった。 ディーゼル横で寂しくお客待ちしている。

## マリアンブールの三つ谷蒸気鉄道
### (Chemin de Fer à Vapeur des 3 Vallées)
### (延長 14 km)

三つ谷蒸気鉄道(Chemin de Fer à Vapeur des 3 Vallées)は、サンブル川 Sambre とムーズ川上流を結んだ路線、シャルルロワ(Charleroi)〜ヴィルー・モラン(Vireux-Molhain) 間の南端を保存鉄道として延長 14 kmを運行している。 始発駅はマリアンブール(Mariembourg)にある機関庫から、途中ニム(Nismes)、オロワ＝シュル＝ヴィロアン(Olloy-sur-Viroin)、ヴィエルヴ(Vierves)駅に停車し、終点であるフランス国境の駅トレーニュ（Treignes)には博物館を併設している。 尚、トレーニュから国境を越えフランスのヴィルー・モランまでの約 3 kmは廃線となり、残念だが路線も消滅している。

Treignes 駅 到着

170

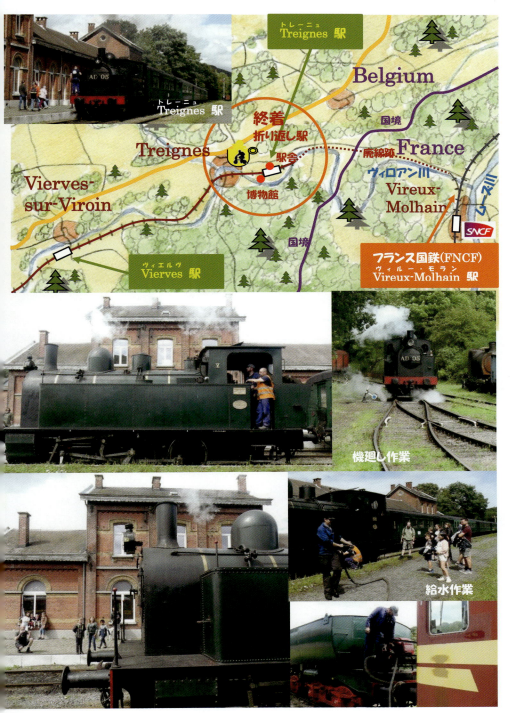

トレーニュ（Treignes)駅構内には三角屋根の蒸機鉄道博物館（Musée du Chemin de Fer à Vapeur）がある。 外観は新建材で化粧直しを施しているが、実は木造建屋なので保存鉄道らしい博物館の雰囲気が漂う。 採光を取り入れた屋根構造としているので館内は明るく、貴重な鉄道遺産としての珍しい車両群が収集保存されている。 緑系のツートンカラーが良く似合うカエルのような顔つきの車両（型式60805気動車）には面食らう。 特に興味を抱いたのは、ドイツ01型蒸気機関車に負けない風格の緑の塗装が眩しいフランス国鉄(SNCB)の Pacific 型 1002 蒸機、クロコダイルに似た同じくフランス国鉄の電気機関車、可愛い年代物箱型蒸機とお宝が続々登場し飽きることはない。

172

173

## アン鍾乳洞トラム (Tram des grottes de Han)    https://grotte-de-han.be
### アン＝シュル＝レス(Han-sur-Lesse)村～アン鍾乳洞入口
#### わずか4kmのメーターゲージ路線(軌間：1000㎜)をレトロなディーゼルトラムが

　ベルギーの首都ブリュッセル、中央駅(Bruxelles-Central)からベルギー国鉄(SNCB)のルクセンブルク行きICに乗車、ベルギー南部のロシュフォール・ジャメル(Rochefort-Jemelle)駅に約1時間45分(直通)で着く。　駅前のバス停(ROCHEFORT - JEMELLE Gare)から路線バス(№.29系統)に乗車して約14分、バス停(HAN-SUR-LESSE Eglise)で下車すると、アン鍾乳洞への玄関口である田舎町、アン＝シュル＝レス(Han-sur-Lesse)村に着く。　カトリック教会(Église Saint-Hubert)前のシャスーズ・アルドネ通り(Rue des Chasseurs Ardennais)を約1分歩くと、アン鍾乳洞(Domain of the Caves of Han)へのトラム乗り場がある。　このトラムは延長わずか4km足らず、遊園地の乗り物のように見えてしまうが、鍾乳洞の入り口まで観光客をトロッコ客車に乗せて牽引する珍しいレトロなメーターゲージ(軌間：1000㎜)のディーゼルトラムなのだ。　片道約10分の乗車だが結構楽しめる。

　何故このような田舎町で、鍾乳洞の観光客を運ぶためにだけ、ポツンと短い路線があるのか不思議であるが、歴史を紐解くとその理由が見えてくる。

　今では、この小さい田舎町から接続する鉄道のない孤立した短い路線になっているが、かつてはベルギー全土に張り巡らされたメーターゲージトラム路線網に組み込まれていた。　アン＝シュル＝レスの村から盲腸線として1906年に開業している。　それまでは、国鉄の幹線路線から接続するトラム路線網が整備されたことにより観光客が続々と押し寄せ、町から洞窟まで数km離れているので移動手段は馬車か自動車であった。　そのため田舎道は混雑し、農家は家畜を移動させることも困難であったが鍾乳洞線の開業で解消された。

　第二次世界大戦後、モータリゼーションのあおりを受けベルギー全土に張り巡らされていたメーターゲージ路線網の多くが廃止に追い込まれた。　この地も例外でなく1950年代には接続する路線が姿を消したが、盲腸線であった鍾乳洞線は運よく奇跡的にこのアン＝シュル＝レスの田舎町に取り残されたのである。　今となっては貴重なメーターゲージ路線の生き残りとして、開業当初のHL型蒸機から1935年以降順次置き換えられた古参のディーゼルトラムは観光客をトロッコ客車に載せ、今も自ら牽引し活躍している。

　因みに、ベルギー全土に展開していたメーターゲージトラム路線網の地方軌道(vicinal tram)で残存しているのは、北海に面した港町やリゾート地を結ぶ延長67kmの路線を持つベルギー沿岸鉄道キュストトラム(De Kusttram)がある。新型の低床式トラムLRT(Light Rail Transit)が導入され昔の面影はない。しかし、保存鉄道としてレトロな旧ディーゼルトラムを季節運行しているのが、サンブル川(Sambre)沿いの田舎町チュワン(Thuin)にあるASVi(Association pour le Sauvegarde du Vicinal)が運営するロブ～チュワン保存鉄道(Tramway Historique Lobbes-Thuin)と、ベルギーの南東エリアに見ごたえのある自然、古城、庭園が点在するアルデンヌ(Ardenne)地方の田園地帯をエーヌ川(Aisne)に沿って走るエーヌ観光路面電車TTA(Tramway Touristique de l'Aisne)がある。

始発駅は、カトリック教会(Église Saint-Hubert)の南に隣接する公園にループ線を設けその一角に鍾乳洞行きのトラム乗り場がある。　乗車券は傍の観光案内所で購入するのだが、鍾乳洞の見学とセットになったチケットやサファリ～パークの入場券もセットにしたチケットとなる。　ツアーチケットのみの販売なのでトラムだけ往復する乗車はできない。　因みに、皆は鍾乳洞見学後、鍾乳洞の出口から路線沿いを徒歩（約 15 分）で町中に帰ることになる。　従ってトラムの乗車は片道のみの乗車となる。
　鍾乳洞行きトラムの乗り場は公園の周囲をループ線にしているので機廻しする必要がないのが良い。　通常は30分間隔で運行し、ディーゼルトラムが2～3両のオープン客車を牽引する。　珍しいというか驚いたのは、観光客が多い時には2列車がランデブースタイルの同時出発。　公園の芝生が敷き詰められた中央のベンチに座れば、出発・到着のグルグル回転するトラムウオッチングが最高である。　トラムは村を出ると、鍾乳洞から流れ出るレッス川(Lesse)沿いに走り、鍾乳洞からの出口を通過する。　ここには車庫があるので朝一番に訪れ何時もの手順で挨拶し、見学を試みよう。　この先は森の中に入って行くが路線に沿った道はないので追い掛けはできないのだが、サファリバス専用の道があるにはあるが周辺は自然動物保護区なので一般の立ち入りが制限されている。　列車に乗らない限り、徒歩や自転車で鍾乳洞入口駅に行くことはできないのだ。

終着の鍾乳洞入口駅では、到着し観光客は全員下車となり、鍾乳洞観光ツアーがセットなのでこの列車に乗車し戻れない。　先頭のトラムだけが機廻しをして 2 番列車の最後尾客車に連結する。ということは、1 番列車のトラムは 2 番列車の客車を牽引し戻り、2 番列車のトラムは 1 番列車の客車を連結し戻るという効率の良い折り返し運行形態なのだ。

　開業当初はアルデンヌの森や谷を眺望できる山上に設けられ、観光客は鍾乳洞入口に行くには徒歩で少し下山していた。　その後、大幅なルート変更により現在の鍾乳洞入口となっている。　又、起点についても教会の東側から路面併用区間を走っていたが、交通上の問題から1989年に教会の南側にある公園に新たなループ線を設け、機廻しの手間を省き出発・到着ができるようにしている。

　アン鍾乳洞の年間営業日はホームページ(https://grotte-de-han.be)のカレンダーに記載されているが 7 月から 9 月は毎日休まず運行する。　タイムテーブルは運行カレンダーのオレンジ、緑、黄緑の種別によりきめ細かい営業時間設定がされている。　アン鍾乳洞(Domain of the Caves of Han)のみのチケットは 27€「トラム乗車片道と鍾乳洞見学、洞窟出口から徒歩でアン＝シュル＝レス

(Han-sur-Lesse)町に戻る」とちょっと高めの価格設定だ。 週末金曜日、土曜日と日曜日は混むのでホームページで予約した方が良い。 チケット購入窓口時間は時期により違うが 9:30〜17:30、10:00〜16:00 となり、毎時トラム乗り場から出発となる。 私が訪れた 2023 年 8/5 は以前扱いとなり表示されないので 10 月度を下記に示す。 右チケットは現地窓口購入(16:00 予約)。

2023 年 10 月度の営業日と時間は黄緑の表示(https://grotte-de-han.be/horaires)。

179

ディーゼルトラムの撮影は、始発駅のループ路線の周辺からレッス川に沿って鍾乳洞出口にある車庫まで散歩し、川畔にあるレストラン(Le Pavillon)で休憩しよう。 オープンテラス席からはレッス川の流れを見ながらトラムが通るシャッターチャンスを待とう。

　鍾乳洞から流れ出す水の水量が半端なく多いのに気が付いたが、洞窟が源泉ではないことを知る。 レッス川(Lesse)はベルギー南東部を流れるムーズ川(Meuse)の支流であり、この地を南からアン=シュル=レッス村へと流れるのだが一度地表から消える。 川の蛇行により水が石灰石を溶かし、ボワールの森(Boine Forest)の山肌に創られた洞窟穴がトンネルとなり、鍾乳洞や地底湖を形成しながら、今私の居る鍾乳洞出口から再び地表に流れ出し村へと流れているのだ。 地表を蛇行しながら流れていたのがショートカットし、経路変更されたようである。 レッス川が自ら造り上げた全長約9kmに及ぶ大鍾乳洞である。 ディーゼルトラムと鍾乳観光のセットツアーは、鍾乳洞入口に到着すると乗客はフランス語とオランダ語のグループに分かれて洞窟内をガイドの引率説明を受けながら約 3 km、約 2 時間歩くことになる。 因みに、鍾乳洞出口前の広大な芝生地(Montgolfiades

180

Han-sur-Lesse)では、バルーンフェスティバルが開催されるようだ。 ディーゼルトラムは森の中に入り、路線はΩループし鍾乳洞入口に向かうが、サファリパークに行くツアーバスはこの芝生地を通り、消えたレッス川沿いに森を大きく迂回しながら運行している。 朝一番に朝日の柔らかい日差しを浴びながら自転車で車庫に出掛けて見た。 車庫内には2基のディーゼルトラムが整備中のようだ。 車庫といってもトタン屋根のバラック小屋でありレトロな車両に良く似合う。

川畔のレストラン (Le Pavillon)

トタン屋根の車庫

路線沿い朝の散歩は清々しい

アン鍾乳洞の内部は幻想的（ホームページより）
https://grotte-de-han.be

181

## エーヌ観光路面トラム（TTA:Tramway Touristique de l'Aisne）
### ポン・デレーゼ（Pont d'Erezée）～ラモルムニル（Lamôrmenil）
かつてはベルギー全土に張り巡らされたメーターゲージトラムの生き残り
エーヌ川沿い、アルデンヌの森を走るレトロなディーゼルトラム　https://www.tta.be

　ベルギーの首都ブリュッセル、中央駅(Bruxelles-Central)からベルギー国鉄(SNCB)のルクセンブルク行き IC に乗車、途中マルロワ(Marloie)駅で乗り換え、ベルギー南部のムルルー・オットン(Melreux-Hotton)駅に約1時間10分(1～2回乗り換え)で着く。　平日の火～金曜日なら駅前のバス停(MELREUX Gare - Quai 1)から路線バス(No.11 系統)に乗車して約 15 分、バス停(EREZEE Pont )で下車すると、エーヌ観光路面トラムの乗り場はすぐ近くなのだ。　しかし、問題はこの路面トラムの運行日の土曜日に路線バスの運行が無いこと。　従って、私の様に自転車なら駅から 30 分だが、徒歩だと約1時間30分はかかる。　小さな駅なので駅前待ちのタクシーも無い。　なので、ハードルは高いがブリュッセルでレンタカーを借りるのが得策かも。　因みに、レトロなディーゼルトラムの特別運行は4月から10月中頃までの土曜日のみで 13:30,15:00,16:30 発の3本/日ある。

　交通のアクセスは良くないが、だからこそ訪れたくなる。　ベルギー南部に位置するフランス語圏のワロン地方、その南東部のアルデンヌ地方には自然豊かな森やムーズ川(Meuse)やその支流によって作られた渓谷、丘陵には中世の古城が点在している。　このエーヌ観光路面トラムが走るエーヌ川(Aisne)沿いの非電化メーターゲージ(軌間：1000 mm)区間は 11.2 km、ディーゼル音と路線の継ぎ目音だけが響き渡るアルデンヌの森をトラムは快走する。

　非営利協会である TTA は 1965 年に、廃線となったベルギー全土に張り巡らされた狭軌路線網の一部、ポン・デレーゼ(Pont d'Erezée)とラモルムニル(Lamôrmenil)間の路線区間を保存鉄道として運営する権利を得ることができた。　その後、線路の修復や車両の修理、新たにフランスの地方鉄道で使用されていた蒸機(La Scarpe)と型式 18 ローカル蒸機(HL 1076)を取得、1975 年にはワロン地域圏の『水の都』と称されるベルビエ(Vervier)の都会で使用されていたディーゼルトラム 2 台を確保できた。　1992 年にフォルジュ・ア・ラ・プレ(Forge-à-la-Plez)とドシャン(Dochamps)間の路線も復元された。　2005 年には始発停留所ポン・デレーゼに新しい駅舎がオープンし、貴重な鉄道に関する資料の展示、受付ホール、地元観光局の事務所、カフェ等がある。　2006 年にはドシャン停留所に機廻し線を敷設し、ポン・デレーゼとドシャン間で客車牽引列車の運行が可能となった。　これで牽引列車は 9.4 kmを運行できるようになったが、ラモルメニルの終着停留所までの残り 1.8 km の区間は 2013～15 年にかけて路線整備を完了し、総延長 11.2 kmになった。　起点のポン・デレーゼから終点のラモルムニルまでアルデンヌの森を駆け上り、標高差約 230m にもなる。　現在はポン・デレーゼの始発停留所からドシャン停留所まで片道 40 分、旧ディーゼルトラムがレトロな客車やディーゼルトラムそっくりなトレーラーを牽引し走っている。

今日の運行を担当してくれるディーゼルトラムは、アルデンヌ地方で活躍していた型式：AR.133、1935年 Baume ＆ Marpent 社製造である。 型番の AR は Autorail の略称、ということはディーゼルエンジンで発電機を廻し電気モータで走る路面電車なのだ。 駆動源がディーゼルエンジンなのでディーゼルトラムと呼ぶことにする。 少し南にある車庫から緑色の車体がひときわ目立つレトロな客車と古典的なオープントロッコを引き連れてやってきた。 トラムは機廻しをして列車の先頭に連結する。 2005 年に新しく建てられた駅舎内には狭軌鉄道網に関する資料の展示やカフェもあるので午後 2:00 の出発まで、休憩しながらベルギーで一番古いこの保存鉄道の足跡を辿ることができる。

184

185

運転席を覗くとギヤーチェンジシフトレバー、クラッチ、アクセルとバスやトラックの感覚、ブレーキだけは電車タイプの手動エアブレーキと安全面も考え手動機械式丸ハンドルも装備しているので安心である。 トラムの座席は4人掛けの丸みを帯びた高級板張りボックスシート、レトロな客車はこちらも高級布張りボックスシートである。 連結作業は運転士が自ら行うのだが、近くに住むおじさんが手伝いに来たような服装で軍手もしないで素手で作業をこなす。 ボランティアだが元鉄道OBの運転士だろう。 車窓は大きく見晴らしがよく、その時代の車両設計デザインは今でも見劣りしない。 どの時代でもその時代にあったデザインは、人間が本来持っている得意技なのだ。

終着折り返し停留所
ラモルムニル(Lamôrmenil)

　足回りは2軸特有のガタン・ガタンと懐かしいサウンドを体感しながら、終着折り返し停留所ラモルムニル(Lamôrmenil)に乗車時間約25分で到着。　乗客は皆下車し、AR133ディーゼルトラム駆動車の機廻しを見学する。　帰りはオープン車両の先頭に連結する。

機廻しが完了し出発

車内は満席、ディーゼルトラムはエンジン音を吹かしながら横揺れ縦揺れと振動音をなびかせながら老体は現役だ。　運転士はチェンジレーバーの操作に力が入るがレバーを破損しないで！満席なのでグループに席を譲り、運転士に了解を得て横に座り込みなのだ。　エーヌ川(Aisne)沿いをディーゼル音と路線の継ぎ目音だけが響き渡るアルデンヌの森をトラムは快走する。

始発停留所ポン・デルーゼ(Pont d'Erezée)

　始発停留所ポン・デルーゼ(Pont d'Erezée)に到着し、機廻しが完了すると二番列車 15:00 発の乗客が雨降る中、雨にも負けず次々と乗車、どうやら満席となりそうだ。　オープン席も満席となりディーゼル特有の青い煙を吹き上げながら出発するのを見送る。

二番列車 15:00 発が青い煙を吹き上げ出発

191

## AMTFトラン1900（Train1900）保存鉄道
### Pétange, Gare～Fond-de-Gras～Bois-de-Rodange
（ペタンジュ）　　　　　　（フォン・ド・グラ）

フォン・ド・グラ鉱山鉄道(Minièresbunn)へのリレー接続する「トラン1900」保存鉄道

www.train1900.lu

　ベネルクス3国、旅の終盤はルクセンブルクに入る。　ベルギー、フランス、ドイツに囲まれた小さな国だが千年の歴史があるルクセンブルク大公国なのだ。　首都ルクセンブルクの旧市街と長い間難攻不落であった城砦は世界遺産に登録され、欧州の中心に位置し今ではEUの拠点として、欧州投資銀行などの金融機関が集中する金融センターとして繁栄。　かつては戦略の拠点として大国に侵略され、翻弄された歴史を持つこの国は今やEUの本拠地のひとつとして発展し、欧州議会の事務局本部、欧州司法裁判所などのEU主要機関が置かれる新しい国に変身した。

　ルクセンブルク中央駅(Luxembourg, Gare Centrale)から西へ、ルクセンブルク国鉄(CFL)で約30分乗車、フランスとの国境に近いペタンジュ(Pétange, Gare)駅に着く。

　19世紀から20世紀にかけてルクセンブルク・ベルギー・フランスの国境周辺は一大鉱工業地帯として栄えた。　このトラン1900(Train1900)路線も鉱石運搬用として敷かれたもので、ペタンジュ駅を出発すると背後の山腹にくねくねと上っていく。　谷の最奥にあるフォン・ド・グラ鉱山鉄道(Minièresbunn)への乗換駅フォン・ド・グラ(Fond-de-Gras)に着くが、静かな森の中である。　当時からの雰囲気がある駅舎と車庫があり、構内は広く鉱石運搬の車両基地だったことがうかがえる。　ここからスイッチバックして谷を戻りBois-de-Rodange駅に到達する。　この先は廃線となり一部路線は残っており、ペタンジュの隣町Rodangeの手前で消えているが、ルクセンブルク国鉄(CFL)の路線に接続していたと思われる。　何故ペタンジュとRodangeの双方から鉱山鉄道への乗換駅に繋がっていたのか、鉱石の積み替え場所は何処か疑問が残る。　この保存鉄道の路線は標準軌道（軌間：1435）、延長7.3 kmの区間を蒸機が牽引する列車やレールバスが走り、運行日は5/1～9/27(2020)までの毎週日曜日と祝日となる。　鉄道保存観光協会　Associationdes Musée et Tourisme Ferroviaires (AMTF)の運営である。

ペタンジュ
Pétange 駅

トラン 1900 Pétange ペタンジュ 駅

## SCHEDULE AND PRICES

THE SCHEDULE MAY VARY ON EVENTS

### TRAIN 1900

**SUNDAYS SPRING & AUTUMN AND HOLIDAYS**

| PÉTANGE ▶ FOND-DE-GRAS | FOND-DE-GRAS ▶ PÉTANGE |
|---|---|
| 13:15 | 12:45 |
| 14:15* | 13:20* |
| 15:15 | 14:45 |
| 16:15* | 15:40* |
| 17:15 | 16:45 |
| 18:15* | 17:40* |
| 18:45 | 18:20 |

**SUNDAYS SUMMER AND 15 AUGUST**

| PÉTANGE ▶ FOND-DE-GRAS | FOND-DE-GRAS ▶ PÉTANGE |
|---|---|
| 10:30 | 09:55 |
| 13:15 | 12:45 |
| 14:15* | 13:20* |
| 15:15 | 14:45 |
| 16:15* | 15:40* |
| 17:15 | 16:45 |
| 18:15* | 17:40* |
| 18:45 | 18:20 |

**THURSDAYS SUMMER**

| PÉTANGE ▶ FOND-DE-GRAS | FOND-DE-GRAS ▶ PÉTANGE |
|---|---|
| 10:30 | 10:00 |
| 14:30 | 14:00 |
| 17:30 | 17:00 |

| BOIS-DE-RODANGE | FOND-DE-GRAS |
|---|---|
| 14:30   15:30 | 16:30   17:30 |

* STEAM TRAIN

**NO RESERVATION POSSIBLE**
Purchase of tickets only on the spot, the same day

**DURATION** | 25 minutes per route

**PRICES** | 1 CLASS adult 17€, children (5-11ans) 12€, children (0-4) free
2 CLASS adult 12€, children (5-11ans) 10€, children (0-4) free

### DRAISINE

**SATURDAYS SUMMER**

| FOND-DE-GRAS ▶ BOIS-DE-RODANGE |
|---|
| 14:00 |
| 14:45 |
| 15:30 |
| 16:15 |
| 17:00 |
| 17:45 |

**THURSDAY SUMMER**

| FOND-DE-GRAS ▶ BOIS-DE-RODANGE |
|---|
| 14:00 |
| 14:45 |
| 15:30 |
| 16:15 |
| 17:00 |
| 17:45 |

**NO BOOKING POSSIBLE**
purchase of tickets only on the spot, the same day

**DURATION** | 45 minutes approximately

**PRICE** | 15€ per draisine (max 4 people)

### MINING TRAIN «MINIÈRESBUNN»

**SUNDAYS SPRING & AUTUMN AND HOLIDAYS**

| FOND-DE-GRAS ▶ LASAUVAGE | LASAUVAGE ▶ FOND-DE-GRAS |
|---|---|
| 15:00 | 16:00 |
| 16:00 | 17:00 |
| 17:00 | 18:00 |

**SUNDAYS SUMMER AND 15 AUGUST**

| FOND-DE-GRAS ▶ LASAUVAGE | LASAUVAGE ▶ FOND-DE-GRAS |
|---|---|
| 11:05 | 16:00 |
| 15:00 | 17:00 |
| 16:00 | 18:00 |
| 17:00 | |

**THURSDAYS SUMMER**

| FOND-DE-GRAS ▶ MINE | MINE ▶ FOND-DE-GRAS |
|---|---|
| 15:10 | |

**NO RESERVATION POSSIBLE**
Purchase of tickets only on the spot, the same day

**DURATION** | 1h30

**PRICES** | adult 8€, children (5-11ans) 6€, children (0-4) free

**POUR LES GROUPES :** `FR`
Visites possibles tous les jours de mai à septembre.
LES MUSÉES SONT OUVERTS LORSQUE
LES TRAINS CIRCULENT.

**FOR GROUPS:** `EN`
Visits are can be organized daily from May to September
THE MUSEUMS ARE OPEN TO THE PUBLIC WHENEVER
TRAINS ARE CIRCULATING.

**FÜR GRUPPEN:** `DE`
Besichtigungen sind von Mai bis September täglich möglich.
DIE MUSEEN SIND IMMER GEÖFFNET,
WENN DIE ZÜGE FAHREN.

ルクセンブルク国鉄(CFL) ペタンジュ(Pétange, Gare )駅の路線を挟んで対面にあるトラン 1900 (Train1900 ) 保存鉄道の乗り場へは地下道を潜る。 ホームはあるが駅舎は無く、列車が入線すると自ら運転士が路線横の詰め所小屋でチケットの売り場のスタッフに変身する。 この AMTF トラン 1900 保存鉄道は国の文化省が推進する「産業・鉄道公園」プロジェクトに参加、ミネットパーク(Minettpark)と呼ばれ、鉄道機器の修復・復元や路線の維持管理を行い、このトラン 1900 とフォン・ド・グラ鉱山鉄道(Minièresbunn)が産業遺産として一体運営されている。 従って、鉱山跡を観光する鉱山鉄道へのリレー接続する役目を持っている。 ペタンジュ駅を出発すると背後の山腹へと等高線に沿ってくねくね上っていく。 森の中をぐるりと回り込むとフォン・ド・グラ鉱山鉄道への乗換駅フォン・ド・グラ(Fond-de-Gras)に着くが静かな森の中。 車庫のある車両基地なので構内ヤードは広く、全盛期には鉱石運搬の貨車で埋め尽くされていただろう。 乗客は鉱山跡の観光が目的なのでほとんど下車、列車はスイッチバックし終着駅 Bois-de-Rodange に向かう。 駅から先は廃線となり一部路線は残り Rodange の町が近づくと、その手前で消えてしまうが、おそらくルクセンブルク国鉄の路線に繋がっていたと思われる。 鉱山から採掘した鉱石の積み替えをしていた場所、中継基地は何処なのだろうか、現地で探してみよう。 積み替えシュート、ホッパーゲート装置が産業遺産として残されているに違いない。

トラン 1900 とは何か、珍しい鉄道名なので歴史を辿れば分かるだろう。 ペタンジュ(Pétange)で1970 年に設立された鉄道保存観光協会 Association des musées et tourisme ferroviaires (AMTF)は、古い鉄道施設を保存し観光目的で利用することを目指す協会である。 今を遡る 1969 年のことである。 それは、フォン・ド・グラ(Fond-de-Gras)で何年もの間放置された場所の魅力をよく知っており、ルクセンブルク南部の製鉄工場で稼働していた最後の蒸気機関車の保存を切望していた当時の数名の学生たちの努力の賜物であった。 作業は、CFL(ルクセンブルク国鉄)により使用を認められたフュースベシュ(Fuussbësch)、フォン・ド・グラ、ボワ・ド・ロダンジュ(Bois-de-Rodange)間のルートで同時に始まった。 ディフェルダンジュ(Differdange)にある ARBED 社の工場から1900年製造の 8 号機関車が到来し、蒸機運行が 1973 年に始まった。 トラン 1900 の名はそこから来ているそうだ。 1985 年には文化事業省(Ministère des Affaires Culturelle) (現 文化省(Ministère de la Culture)が推進する「産業・鉄道パーク(Parc Industriel et Ferroviaire)」プロジェクト、今で言うミネットパルク(Minettpark)に参加している。 このプロジェクトの一環として、AMTF トラン 1900 は、標準軌線の保守や運用とともに、トラン 1900 の運用に使う鉄道施設の改修が保証され、主な改修計画は、観光省が費用を分担している。 AMTFトラン 1900 の活動は現在、約 40 名の会員があり、公的

194

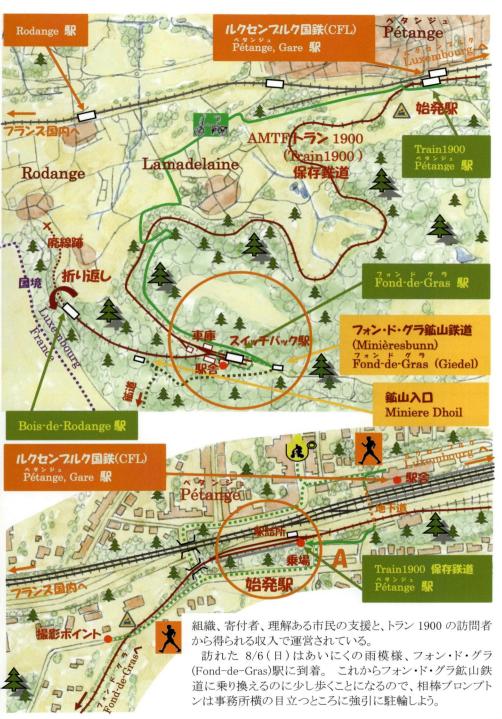

　組織、寄付者、理解ある市民の支援と、トラン1900の訪問者から得られる収入で運営されている。

　訪れた8/6(日)はあいにくの雨模様、フォン・ド・グラ(Fond-de-Gras)駅に到着。これからフォン・ド・グラ鉱山鉄道に乗り換えるのに少し歩くことになるので、相棒ブロンプトンは事務所横の目立つところに強引に駐輪しよう。

195

厳つい顔つきと可愛らしいスタイルの両面を持ち合わせた 1951年ドイツ/ウアーディンゲン(Uerdingen)社製造、110 馬力の 2 軸レールバスはドイツ鉄道(DB) の VT95 プロトタイプシリーズと同仕様、ドイツでは「支線の救世主」として活躍。 運転席のパネルは簡素で好感が持て、足元を見るとなんと自動車と同じアクセル、ブレーキ、クラッチがあるではないか。 赤いレバーはパーキングブレーキだろうか。 まさに運転席までバス感覚なのだ。 10:30 ペタンジュ(Pétange, Gare )駅を出発し森の中へ、列車交換できる駅フスベッシュ(Fuusbesch)では緑の樹木が美しく、蒸機が牽引する列車との離合が見物である。 ブロンプトンは車掌の了解を得て後部運転席の横、特等席で良い調子のようだ。

Uerdingen ex CFL Z151
1951 年製造　110hp

緑に囲まれた列車交換のある駅フスベッシュ(Fuusbësch)では　レールバスが先に到着、蒸機が牽引する列車を待ち構える。　茶色のボディが森の緑に似合う蒸機(No.5)は後ろ向きでやってきた。　機関士は真剣な目つきでホームの安全を確認しているが、髭が似合う機関助手だろうか中央の窓から顔を出して気楽で余裕なのだ。　離合を終えたレールバスはトコトコと左右にカーブした山間の路線を、エンジン音とレール継ぎ目のガタンガタンのミキシングサウンドをなびかせながら、谷の最奥にあるフォン・ド・グラ鉱山鉄道(Minièresbunn)への乗換駅フォン・ド・グラ(Fond-de-Gras)を目指す。

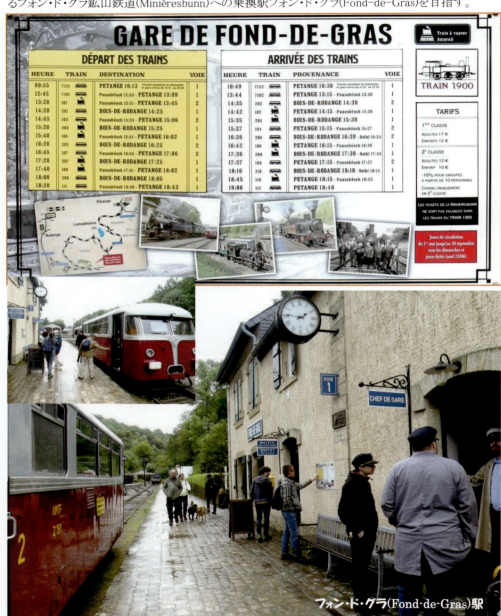

フォン・ド・グラ(Fond-de-Gras)駅

緑に囲まれた列車交換のある駅Fuusbesch

Locomotive à vapeur no 5, ARBED, Esch 1912 年製造

トラン1900保存鉄道はフォン・ド・グラ鉱山鉄道と産業遺産として一体運営され、鉱山鉄道へのリレー接続する役目を持つシャトル列車である。　山間のフォン・ド・グラ(Fond-de-Gras)駅に到着、駅舎内にあるカフェで休憩。　車庫内でお目当ての赤い派手な蒸機トラム(型式:503)が一番奥に大切に動態保存され、特別イベント時には出番がある。　鉱山鉄道との接続駅なので始発がこの構内の一角からだと思い込んで休憩しているが、その気配がないぞ。　カフェの小母さんに聞くとどうやらこの先の道をたらたら上り、Fond-de-Gras Giede 駅から出発しているとのこと。　慌てて精算だ！

フォン・ド・グラ(Fond-de-Gras)駅

Fond-de-Gras Giedel

車両基地フォン・ド・グラ(Fond-de-Gras)でコーヒーのケーキセットを注文し、ホームにあるテーブル席を確保すれば目の前に蒸機やレールバスがやってくる。構内を歩くと多くの鉄道車両遺産が屋外保存され、撮影は自由なのだ。今日は雨降りなので無理しないでカフェタイム。

## フォン・ド・グラ鉱山鉄道（Minièresbunn） 軌間：700㎜
### Fond-de-Gras〜Fond-de-Gras(Giedel)〜Doihl〜Lasauvage
### 〜Saulnes 又は Lasauvage Egsile

フランスとの国境にある鉱山鉄道、坑道のトンネルを出るとそこはフランス
かつては鉱山で栄えた抗夫の村に出逢える

www.minieresbunn.lu

　　フォン・ド・グラ鉱山鉄道(Minièresbunn)は、トラン 1900（Train1900）保存鉄道のフォン・ド・グラ(Fond-de-Gras)駅からは 14:50 発のみ、次の駅 Fond-de-Gras(Giedel)でスイッチバックをして Doihl に 15:10 着となり乗車時間は 20 分。 駅から少し谷の奥に歩き、Fond-de-Gras(Giedel)乗り場からは 16:00 と 17:00 発に乗車できる。 どちらの駅も駅舎は無く、チケットは時間になると露店簡易売り場ができるので購入することになる。 蒸機は 1895 年製造のクラウス、鉱山の坑口駅 Doihl までは下り勾配区間なのでトロッコ客車を牽引した運行、戻りは蒸機の後ろ押しで Fond-de-Gras(Giedel)に戻る。 スイッチバックして Bois-de-Rodange 駅に向かうトラン 1900（Train1900）保存鉄道の路線に並行に構内の車庫や屋外保存している鉄道遺産群を横目に見下ろしながら進む。 運行日は 5 月の始めから 10 月末までの間、日曜日と祝日のみの特別運行となる。

FAHRPLAN 2023

Verkehr von Mai bis September, an allen Sonn- und Feiertagen, ausser am Nationalfeiertag (23. Juni)

フォン・ド・グラ鉱山鉄道
ホームページより掲載

| FOND-DE-GRAS -> LASAUVAGE | | | |
|---|---|---|---|
| Fond-de-Gras Gare (Bahnhof) Train 1900 | 14:50 | - | - |
| Fond-de-Gras Giedel | 15:00 | 16:00 | 17:00 |
| Lasauvage Carreau | 15:45 | 16:45 | 17:45 |

Mit einer kostenlosen Besichtigung der Mine

| LASAUVAGE -> FOND-DE-GRAS | | | |
|---|---|---|---|
| Lasauvage Carreau | 16:00 | 17:00 | 18:00 |
| Doihl / Quai Train 1900 | | | 18:10* |
| Fond-de-Gras Giedel | 16:25 | 17:25 | 18:20 |

* Personen, die den „Train 1900" nach Pétange nehmen, müssen hier umsteigen.

**LASAUVAGE CARREAU -> LASAUVAGE ÉGLISE**

| | | |
|---|---|---|
| Lasauvage Carreau | 15:50 | 17:00 |
| Lasauvage Église (Kirche) | 15:55 | 17:05 |

**LASAUVAGE ÉGLISE -> LASAUVAGE CARREAU**

| | | |
|---|---|---|
| Lasauvage Église | 16:00 | 17:15 |
| Lasauvage Carreau | 16:05 | 17:20 |

**LASAUVAGE CARREAU -> SAULNES (FR)**

| | | | |
|---|---|---|---|
| Lasauvage Carreau | 15:00 | 16:05 | 17:50* |
| Saulnes | 15:15 | 16:20 | 18:05 |

**SAULNES (FR) -> LASAUVAGE CARREAU**

| | | | |
|---|---|---|---|
| Saulnes | 15:25 | 16:25 | 18:10 |
| Lasauvage Carreau | 15:40 | 16:40 | 18:25 |

乗換駅 Doihl(ドイル)に間もなく到着、鉱山トロッコのスタッフがお出迎え

205

鉱山鉄道(Minièresbunn)の始発駅は、トラン 1900（Train1900）保存鉄道のフォン・ド・グラ駅の路線を隔てて対面にある。　タイムテーブルでは午前は運行が無く、午後には1便 14:50 発車がある。谷の奥にあるスイッチバック駅 Fond-de-Gras(Giedel)からは 2 便 16:00,18:00 発となり計 3 便/日ある。　どの列車も乗換駅 Doihl で下車、鉱山トロッコに乗り、途中全員下車となる鉱山見学はできる。　戻りの列車も計 3 便/日となるがスイッチバック駅 Fond-de-Gras(Giedel)までとなるややこしいタイムテーブルを提供している。　トラン 1900 もそれに連絡してレールバスと蒸機が時期により本数が違うが、ペタンジュ(Pétange)駅からやってくる。

　トラン 1900 のフォン・ド・グラ駅に朝早くから訪れると、駅舎内にあるカフェタイムを楽しみ、ランチは谷の奥に少し歩くとオープンテラス席のあるカフェレストラン(RestaurantBei der Giedel)があるので、蒸気機関車や車庫のある森の癒し空間でリラックスできる。　運が良ければテラスから見下ろすと鉱山鉄道の蒸機が給水しているのに出逢えるかも。

　訪れた日はあいにくの雨、トラン 1900 のレールバスや蒸機、鉱山鉄道の準備作業、屋外にある鉄道遺産の車両群等の撮影ができるのだが、無理しないで駅舎内のカフェで休憩することにした。

206

トラン 1900 フォン・ド・グラ(Fond-de-Gras)駅から乗り換えで 14:50 発の鉱山鉄道(蒸機牽引トロッコ)があると思ってカフェで休憩していたが何だか怪しい、小母さんに聞くと歩いて上へ谷の奥にあるスイッチバック駅 Fond-de-Gras(Giedel)から出発するそうだ。　慌てて行くと雨の中数人が雨宿り中、何処にチケットカウンターがあるのか探してもないぞ、皆もそんな顔。　やっとスタッフがやってきて簡易机を組み立てる、やれやれ。　国の文化省が推進する「産業・鉄道公園」プロジェクトに参加、ミネットパーク(Minettpark)と呼ばれているのに露店の簡易チケット売り場とは吃驚したが、チケット代は 8€(往復)とは安いのでまたまた吃驚だ。　15:00　出発、路線は下りなので蒸機は後ろ向きで牽引する。　緑に囲まれた森の中、トロッコを牽引し蒸機は走り、約 10 分で鉱山トロッコへの乗換駅 Doihl に着く。　ここからが本格的鉱山トロッコに乗り換えるのだが、牽引は小さいが馬力のあるような電気機関車、というのも坑道を走るので当然か。　乗換駅ドイル(Doihl)では我を競って乗り換え、席取り合戦に走る様はまさに山間のラッシュアワーだ。

Doihl 駅で鉱山トロッコに乗り換え

鉱山トロッコに乗り換えは混雑

蒸機はDoihl に向け走る

乗換駅 Doihl に到着

　ドイル(Doihl)駅で、かつて鉱山で活躍していた電気機関車が牽引するトロッコ客車に乗り換え、坑道のトンネル体験である。　乗車と坑内見学を含め所要時間は約 45 分と長い。　途中で全員下車し抗夫の作業服を着たスタッフの案内で坑内見学、1900 年頃の手作業や近代化された圧縮空気による削岩機の作業体験ができる。　坑内温度は年間を通じて 10～12℃だそうだ。　実際のトロッコ乗車時間は約 25 分だが暗闇の中を進むので長く感じられる。　坑道の出口に出るが外界は眩しい。　路線は 3 方向に分岐するトライアングルとなる駅ラソヴァージュ(Lasauvage)に着くが、なんとフランスとの国境に居るという不思議な鉱山トロッコツアーなのだ。　ラソヴァージュから

210

北方向の路線は非電化区間なのでディーゼル機関車が牽引、以前鉱山労働者が住んでいたフランスのソルンヌ(Saulnes)村へ、南方向の路線は電化されているので電気機関車がパンタグラフの付いた客車(自走可能)を牽引し、ラソヴァージュ・エグリーズ(Lasauvage Église)へと向かい、かつては鉄鉱石の輸送に使用されていたのだ。 因みに、帰りのラソヴァージュからドイル(Doihl)までの坑道トンネル区間は所要時間が25分のタイムテーブルとなっている。

トラン 900 保存鉄道と鉱山鉄道の歴史を振り返ってみよう。フォン・ド・グラ(Fond-de-Gras)はルクセンブルクで最も重要な鉱山施設の一つであった。しかし、1955 年に地下鉱石の採掘は終了し、そのため 1964 年にはフォン・ド・グラとペタンジュ(Pétange)間の鉄道も運行を停止する。フォン・ド・グラとその周辺地域は、鉄鉱石の採掘と精錬によって 1 世紀に渡り繁栄したのである。1990 年には、フォン・ド・グラに残る産業遺産を活用して産業鉄道・鉱山パークとする案が注目され、これによりMinièresbunn Doihl e.V.協会が設立された。旧 MMR-A 鉱山は 1978 年に閉鎖された後全ての技術設備(線路、架線、ケーブル、変圧器、機関車、作業場等)が使用できなくなっていたが、順次修復されている。1991 年にドイル(Doihl)までの路線を整品し運行開始、1992 年には蒸機が復活。1994 年にはメインの坑道トンネル区間 1.4 km弱の線路と架線を修復完了し、トンネル出口のフランスとの国境にあるラソヴァージュ(Lasauvage)までが開通した。運転操作や車両整備の大部分はボランティアメンバーによって行われている。

坑内通過中

鉱山トロッコは構内に突入

坑内をスタッフの案内で構内設備を見学

213

鉱山内部の見学を含め約45分で電気機関車牽引の鉱山トロッコは、3方向に分岐するトライアングルとなる駅ラソヴァージュ(Lasauvage)に着く。 トンネルを抜けるとなんとそこはフランスとの国境であったという不思議な鉱山鉄道なのだ。 15:50発の凸型ディーゼル機関車が牽引する列車が待っているが、不思議発見。 なんと赤いトロッコ車両にはパンタグラフが付いているではないか、架線のある区間では電気を集電し客車内の電灯用だろうか。 このトライアングル駅からは南方向(電化区間)と北方向(非電化区間)への乗車もできるのだがスケジュールの都合もありパス、泣く泣く折り返しの鉱山トロッコで戻ることにした。 再度坑道を抜け、乗換駅で蒸機の牽引トロッコに乗り換え発車すると、坑道に出発する二番列車との同時出発するというサプライズがあった、感激をありがとう！

ラソヴァージュ
Lasauvage駅に到着

ラソヴァージュ
Lasauvage駅に到着後、ディーゼル牽引
トロッコに乗り換えも可能
この列車はラソヴァージュ・エグリーズ
(Lasauvage Église)行き

帰りのDoihl(ドイル)駅で蒸機に乗り換え、なんと鉱山トロッコと同時発車

鉱山トロッコと同時発車するというサプライズがあった、感激をありがとう！

# 第3章 ドイツ/モーゼル川流域 葡萄の産地に魅せられて
## ベルンカステル・クースの町(Bernkastel-Kues)

ベルンカステル・クースはフランクフルトから西へ約150km、DB鉄道でマインツ(Mainz Hbf)、コブレンツ(Koblenz Hbf)で乗り換えヴィトリッヒ中央駅(Wittlich Hbf)へ約3時間30分。因みに、ヴィトリッヒの旧市街に行くには中央駅から約5km離れていて路線バス(300系統)で約11分となる。今回は、路線バス(300,555系統)に乗り換え、約30分でモーゼル河畔の葡萄畑に囲まれたモーゼルワインの産地に着く。この町を訪れたのには三つの理由がある。

一つは今となっては寂れた田舎の駅だが、昔栄えていたであろう駅名が立派なヴィトリッヒ中央駅(Wittlich Hbf)から路線バスでのアプローチとなる。

今は鉄道が通っていないので昔ながらの雰囲気が心地よいモーゼルワインの葡萄畑に囲まれた中世の町である。 マルクト広場は木組みの家が連なり、1608年に建てられたルネッサンス様式の市庁舎、昔は住民の水汲み場で憩いの場だった噴水広場、葡萄畑の高台にはランツフート城(Burgruine-Landshut)が残る。 街中には廃線となった名残の旧駅舎がビヤーレストラン醸造所となっているが、ヴィトリッヒ中央駅からの盲腸線の終着駅だったのだ。

二つめはベルンカステル・クースからモーゼル川観光船(Gebr.Kolb社)に乗船し、川の高低差を乗り越える珍しい閘門通過と蛇行するモーゼル川クルーズを約1時間45分堪能。 こちらも小さな葡萄の産地トラーベン・トラバッハ(Traben-Trarbach)に着く。 DB路線の盲腸線が接続されている駅があるので次の目的地への移動が容易である。

三つめは、自転車好きには堪らないポタリングが楽しめるモーゼル川に沿ったモーゼル自転車道(Mosel Radweg)。廃線跡のマーレ・モーゼル自転車道(Maare-Mosel-Radwe)gも分岐している。 また、路線バスには後部に自転車用のトレーラーを牽引したRadBus Untere Mittelmosel(路線No.360,555,300)が周辺地域やモーゼル川沿いを運行しているので、バスと観光船やサイクリングを組み合わせた周遊もお勧めである。

216

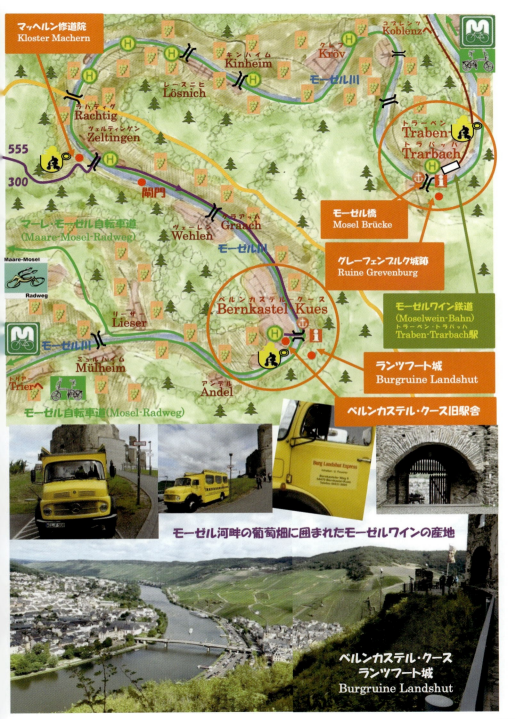

マルクト広場では木組みの家々が連なる。 1608年に建てられたひときわ華やかなルネッサンス様式の市庁舎(Rathaus)、そのファサードには町の紋章が掲げられ、1階はラーツケラー(Ratskller)となっているので郷土料理やビール＆ワインで食事をしよう。 ところでこのラーツケラーは14世紀から18世紀にかけて、その名の通りワインの貯蔵庫兼販売所で地下にある場合が多く、今ではレストランとなっている。 前のマルクト広場には聖ミヒャエルの噴水、右手の路地に入ると2階が道に張り出した尖がり三角屋根の可愛い木組みの家が中世の頃にタイムスリップさせてくれる。 マルクト広場からグラアッハー通り(Graacher Str.)へ向かうと、熊の噴水(Bear spring)のある賑やかな小さな広場(Bärenbrunnen Plaza)がある。 グラアッハー通り周辺にはワインレストランがひしめき、狭い路地にはみ出したオープンテラス席のカフェで休憩も良い。 グラアッハー通りを進むと、旧市門だろうか建物の1階がトンネルとなり、出るとそこは葡萄畑の傾斜地が一面に広がっていた。 ドクターケラー(Doktorkeller)というワイン貯蔵所が葡萄畑の地下にあり、ブランド名「Doktor」というリースリングワインはこの葡萄園で醸造された世界最高レベルの評価をされているそうだ。

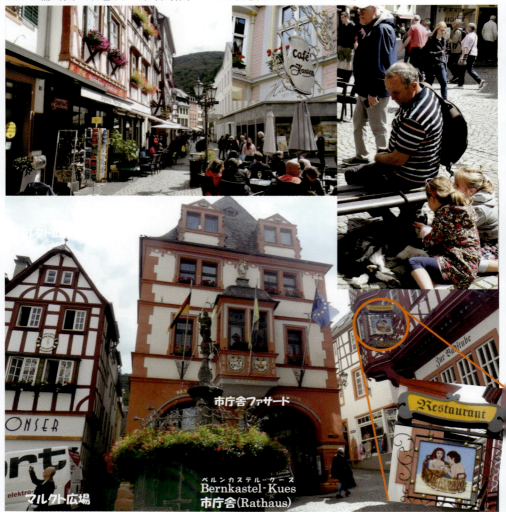

218

熊の噴水（Bear spring)のある
小さな広場(Bärenbrunnen Plaza)

　ベルンカステル・クースは二つの地域の名前、モーゼル川を挟み東側のベルンカステルと西側のクースである。　マルクト広場には木組みの家屋、石畳の路地に入れば中世の時代に引き戻される。　20世紀初頭に建てられたベルンカステル・クース駅舎は今日まで保存され、ビール醸造所レストランとなっていたが、2023年夏に訪れると廃業していた。　コブレンツ(Kobllenz)とトリアー(Trier)を結ぶDB路線であるヴィトリッヒ中央駅からの盲腸線(Bahnstrecke Wengerohr-Bernkastel-Kues)の終着駅だった。　その頃の駅構内の路線は撤去され、新たにフォーラムアルターバーンホフ(Forum Alter Bahnhof)というバスターミナルに変身している。　この路線跡はモーゼル川自転車道(Moselradweg)となり、上流側のリーザー(Lieser)から分岐してヴィトリッヒを経由アイフェル(Eifel)地域のダウン(Daun)までマーレ－モーゼル自転車道(Maare-Mosel-Radweg)となっている。　また、モーゼル川の右岸にも、かつてトリアーからブライまでの軽便鉄道路線があり、ザウフバーンヒェン(Saufbähnchen)と呼ばれるモーゼル鉄道(Moselbahn)がベルンカステルを通っていた。　その旧モーゼル駅舎はベルンカステル地区の川畔にある。　路線は跡形もなく、川畔に沿った田舎道に面影はない。

220

葡萄畑の高台にそびえる13世紀の終わりにトリアーの大司教よって建てられたランツフート城 Burgruine Landshut（1692年火災で廃墟）に行くにはマルクト広場から葡萄畑を歩き約20分。ランツフート城エキスプレス(Burg Landshut Express(www.feuerer-reisen.de))というレトロなベンツ製のボンネット型トラックバスが、10:00～18:00（1本/時間）の間にバス停(Am Gestade)からランツフート城門まで運行しているので乗車（往復7€）、楽ちんで正解である。城内にはレストランと休憩所があり夏場のオープンは10:00から18:00。

ランツフート城(Burguine Landshut)行
黄色いトラックバス　Burg_Landshut_Express

221

実は、AM10:00 ベルンカステル・クース発の観光船(Gebr.Kolb 社)に乗船し、トラーベン・トラバッハへ1時間45分、葡萄畑が連なり蛇行するモーゼル川の船旅を予定していたのだが、都合によりバス旅に変更。 クース地区の街中にあるバスターミナル(Bernkastel-Kues, Forum)、ここにはかつての旧駅舎が残されている。 内部はビール醸造所&レストランで活気を浴びていたが、コロナの影響だろうか廃業している。 サイクルバス(RadBus Untere

旧駅舎の裏(かつての駅構内)にバスターミナル(Bernkastel-Kues, Forum)がある。ヴィトリッヒ中央駅(Wittlich Hbf)からのライン 555 が発着。

Mittelmosel ライン 360)に乗車し、約45分でバス停(Traben-Trarbach, Bahnhof)に着く。 このバスは自転車をそのまま積み込める「RadBusse」なのだ。 後部に自転車 5 台が固定できるサイクルキャリアが取り付けられている(ホームページで予約が必要、 空きがあれば予約なしでも可)。 ヴィトリッヒ中央駅(Wittlich Hbf)から廃線自転車道の起点であるダウン(Daun)に移動するのにもサイクルバス(RadBusse ライン 555)に乗車したが、自転車用大型トレーラーを牽引し、週末ということもあり満車であった。 私は折り畳み自転車なのでベビーカーや身障者の車椅子スペースに確保し寝かせた。

222

**RadBusse im nördlichen Rheinland-Pfalz Raderlebniskarte 2023**

**Linie 360** RadBus Untere Mittelmosel
Bernkastel-Kues – Traben-Trarbach

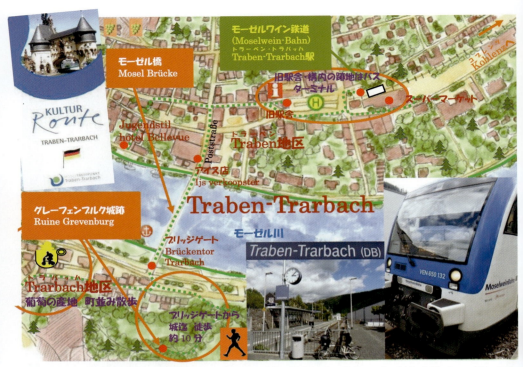

　トラーベン・トラバッハ(Traben-Trarbach)はモーゼル川を挟んでトラーベン村と トラバッハ村に別れている小さな町。　ベルンカステル・クースのお隣、下流側にあるこちらも葡萄の産地である。　また、コブレンツ(Koblenz)とトリアー(Trier)を結ぶ DB 路線から分岐する総延長 10.4km の盲腸線、トラーベン線の終着駅なのだ。　近年は観光客向けにモーゼルワイン鉄道 (Moselweinbahn) という愛称で呼ばれ、毎時 1 本の気動車で運行しブライ(Bullay)駅で本線列車と接続となる。　お隣では廃止になったがこちらは生き残っているのが、不思議発見である。　共に葡萄の集積地、ワインの出荷で栄えていたのだが。　私見だが、モータリゼーションのあおりを受け貨物輸送からトラック輸送への転換、旅客輸送も減少する中、隣どうしでブドウの産地という立地条件で同じ町には単独での盲腸線は必要でない。　コブレンツからのアプローチが近くて観光客を呼び込みやすいトラーベン・トラバッハが生き残り、モーゼル川に沿ったバス路線を充実させることにより相互の町の活性化を狙ったのではないか。　旧駅舎は観光案内所となり、旧構内はバスターミナルとなっている。　山の中腹に見えるグレーフェンブルク城跡(Ruine Grevenburg)へ葡萄畑を上ると、なんと城壁跡はカフェになっていてモーゼル川の絶景を見ながら休憩も良いが、アイス売店の小母さんとアイス話に夢中！

224

アイス店 (Ijs verkoopster)

旧駅舎（案内所）

### 廃線跡のサイクリングロード
# マーレ・モーゼル自転車道(Maare-Mosel-Radweg) 58 km

　マーレ・モーゼル自転車道は、かつてのダウン-リーザー鉄道路線(Bahntrasse Daun-Lieser)の廃線跡を活用していろ。　丘陵地帯のヴルカナイフェル(Vulkaneifel)のダウン(Daun)からヴィットリッヒ(Wittlich)を経由してリーザー(Lieser)に至る古い鉄道路線を走り、いくつかの高架橋やトンネルを通過する。　リーザーでモーゼル川自転車道に合流し、モーゼル河畔の葡萄畑に囲まれたモーゼルワインの産地ベルンカステル・クース(Bernkastel-Kues)に到達する総延長約 58 km、標高差約 300mのサイクリングロードである。　自転車道は全体に舗装され、標識が完備され、勾配は最大 3%で、家族連れにも最適である。　ダウンからベルンカステル・クースの町へと主に下り坂となるためお勧めである。　しかし、鉄道路線跡の適度な勾配のため、経験豊富なサイクリストには逆方向も良い。
　出発地点ダウンへのアプローチはコブレンツから DB 路線で約 1 時間 15 分、ヴィットリッヒ中央駅(Wittlich Hbf)で下車。　駅前から RadBus(Maare-Mosel-Express ライン 555)に乗車しダウン駅通り(Daun Bahnhofstrasse)まで 1 時間 40 分となる。　バスの後部にはトレーラーを牽引しているので、自転車をそのまま積載(17 台)できホームページで予約が可能。

226

ヴィトリッヒ中央駅から 9:15 発の RadBus(Maare-Mosel-Express ライン 555)に乗車、ダウン駅通り停留所(Daun Bahnhofstrasse)に 9:59 到着。 自転車族はトレーラから自転車を降ろし、ヘルメットを着用とスタート準備で忙しい。 道を下り裏手に廻り込むとお目当てのカフェベーカリー(Bäckerei Schillinger)があるのでテラス席で温かいコーヒータイム、サイクリング休憩用の飲み物やサンドイッチの購入がお勧めである。 バスを降りたサイクリストは直ぐに廃線自転車道を走るのだと思ったが、皆カフェベーカリーに吸い込まれたのだ、私も。 少し道を上ると、旧ダウン駅(Stellwerk Daun)のマーレ・モーゼル廃線自転車道の起点に着く。 旧ダウン駅は残されているが、青少年センター( Haus der Jugend)となっている。 その隣には、ビアガーデン Stellwerk Daun の看板となる派手な塗装を施した旧車両が迎えてくれる(オープンは 11:00 から)。

この廃線跡のマーレ・モーゼル自転車道は、もともとヴェンガーオーア＝ダウン線（Bahnstrecke Wengerohr – Daun ）総延長 40.8km、1885〜1909 年に開通した路線である。 この地域の発展に寄与し、木材、砂利、じゃが芋などの商品が貨物輸送され、地域間の人の流れが盛んとなった。 しかし、閑散ローカル線で乗客の減少により 1981〜1988 年旅客輸送休止、2001 年廃止された。

228

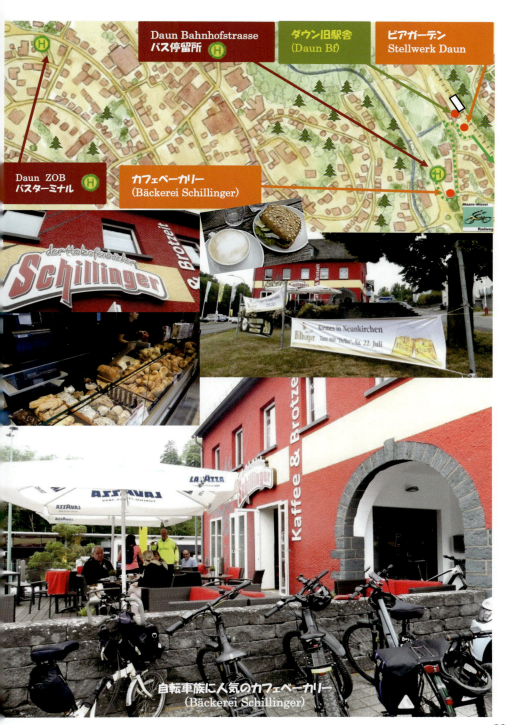

ビアガーテン
Stellwerk Daun

　これに伴い、ヴェンガーオーア駅がヴィットリッヒ中央駅に、本来のヴィットリッヒ駅は無くなり、市内を通過する自転車道に旧駅舎のみが残る。　自転車道はヴィットリッヒの街を通り、現在のヴィットリッヒ中央駅をショートカットし、モーゼル河畔のリーザー(Lieser)でモーゼル川自転車道(Mosel-Radweg)に合流、仲良くベルンカステル・クース(Bernkastel-Kues)に5時間弱で到達する総延長約58 kmである。

　ダウン旧駅舎から出発、間もなく緩やかにカーブした白い石造りアーチ橋であるダウナー高架橋(Dauner Viadukt)が現れる。　ヴェンゲロール－ダウン鉄道の建設中に 1907～1909 年に造られた。

ダウナー高架橋
Dauner Viadukt

路線は 1981 年には旅客運行が停止、1988 年に貨物輸送も停止された後、2000 年旧鉄道線に自転車道として開通している。 最初のグローセス・シュリッツォール・トンネル(Großes Schlitzohr)まではわずかに上り坂で、自転車道の最高点だがそれからはほとんど下り坂である。 入り口ある「Großes Schlitzohr」の碑文はコウモリの名前、定住したコウモリの種にちなんで名付けられた。 運良ければ出会えるかも。 また、コウモリを保護するために、トンネルの入口（北端）の天井には木製の仮天井を設置、そこで冬眠するそうだ。

進むと、旧シャルケンメーレン駅(Schalkenmehren Bf)では心地よい広場にディーゼル機関車が屋外保存され昔に思いをふけながら休憩。ここからは 3 つの神秘的なダウナーマール群の一つであるシャルケンメーレン・マールへ自転車で約 5 分と近いので寄り道しよう。 雨が降り始めたぞ！

トンネル「グローセス・シュリッツォール」
Großes Schlitzohr

天井には木製の仮天井を設置

231

マーレ・モーゼル自転車道から外れ、シャルケンメーレン村に入る。 マール通り(Maarstraße)にオープンデッキ席のある洒落た"Hotel-Restaurant Schneider am Maar"があり、パラソルが開いていたので急ブレーキ。 自転車道はダウンからグローセス・シュリッツオール(Großes Schlitzohr)トンネルを抜けるまで緩い登坂が続き疲れていたので、甘いアイスパフェをお願いする。 ニコニコしながらウエイトレスが運んできたのはなんと山盛りのビッグサイズ。 休憩後にマール畔をウオーキング、何故か心が惹かれるマールは曇り空と時々小雨だが神秘的でもあった。

## ダウン(Daun)のマール(Maare)群に魅せられて
### Gemündener Maar、Weinfelder Maar、Schalkenmehrener Maar

　ダウンからの自転車道近くには 3 つの神秘的なダウナーマール(DAUNER MAARE)がある。　数万年前、アイフェル地域では激しい火山活動の後、すべてが落ち着き、水蒸気が消えたとき奇跡的なことが起こる。　火山の噴出口クレーターは水で満たされマールが誕生、神秘的な青いきらめく湖に変えた。　現在この地域のトレードマークとなっている魅惑的な火山湖「アイフェルの目」と呼ばれている。　心を落ち着かせ、力を与える風景を思い起こさせる、自然の驚異を感じる。

　実は、北大の教授で物理学者であった堀淳一氏が「森と野と古都の旅　1986 年発行」を出版し、ダウン(Daun)のマール群を紹介している。　それは物理学者でありながら硬さはなく、文学者というか詩人のようでもある。　旅紀行は文章が柔らかく、感受性が細やかで、自然の描写には色彩感覚が満載で旅した気分に。　そして、そのレベルは格段に違うが、折りたたみ自転車でヨーロッパの保存鉄道を追いかける私の旅スタイルと感じ方が同じだなあと。　当時、ダウンの町には鉄道路線が敷かれていて、今では各地で保存鉄道として運行されている赤いレールバスに乗車し、訪れていたことも記載されている。　レールバスを追いかけている私にとって、一層の親近感を感じられずにはいられない。

　話を戻そう。　マーレ・モーゼル自転車道からシャルケンメーレン村への分岐を入り、教会横の路地を入ると目の前がシャルケンメーレン・マールの青い湖畔（訪れた当日は曇り空）、静寂さに圧倒されしばし我を忘れ佇む。　ここまでは良いのだが、雨が本降りとなり雨宿りをするが止む気配がない。　廃線サイクリングをやむなく中止しようと決断。　雨降るシャルケンメーレン村(Schalkenmehren)内のバス停 Schalkenmehren,Kirch から路線バス(No.560 系統)に乗車し、ダウンバスターミナル ZOB(Daun ZOB)に戻ることにした(乗車時間約 11 分)。

234

# 第4章

## マイン川沿い保存鉄道を求めて走る！

マイン自転車道の足跡 (2010～2015)

### フランクフルト アム マイン 泊
**Frankfurt am Main**
大都会の高層ビル群とレーマ広場にある中世の木組みの建築が調和し街は独特な雰囲気が魅力。 季節運行だがマイン河畔に蒸機/ディーゼルが走る。

### ゼーリゲンシュタット
**Seligenstadt**
またまた誰にも教えたくない旧市街のある町が登場。マルクト広場周辺や路地にも木組みの家並みが残され、中世の世界に迷い込む。

### アシャッフェンブルク 泊
**Aschaffenburg**
アシャフェンブルクの自慢のシンボルでもある四隅に塔があるルネッサンス様式のヨハニスブルク城、城広場ではハンブルク・フィッシュマーケットが開催されていた。マイン川の夕焼けが忘れられない。

Höchst 駅　Frankfurt 中央駅　マイン川　Hanau

出発

### ヘキスト
**Höchst**
ここがフランクフルトかと疑う静かな何故か心が惹かれる小さな町、歴史的にはマインツに属するカトリックが盛んな町だったとか、なるほど。

約 10.5 km

### シュタインハイム
**Steinheim**
フランクフルトから日帰りでも気楽に行ける誰にも教えたくない小さな町、今は美術館/博物館であるシュタインハイム城、塔、城壁、庭園があり散歩に最適、町の広場で食事も。

### クリンゲンベルク
**Klingenberg アム マイン am Main**
山の急斜面にある葡萄畑からの展望が素晴らしく、旧市街には中世の歴史的な建築群が残る。

**マイン川自転車道(Main Radweg)**

← この先マインツ(Mainz)まで続く約 29.5 km

Bike Line 地図は自転車旅の必需品(現地本屋、日本アマゾンで購入可)

マイン川自転車道(Main Radweg)を走り、誰にも教えたくないマイン河畔の中世の佇まいを残す小さな町を訪れる旅、マイン川中世の町街道と呼びたい！
木組みの建築群、城・塔・街を囲む石造りの城壁が残る。 今回はフランクフルトから上流へのドイツ大使館推奨の逆コース、フランケンワインの産地フォルカッハまで約 300 kmとなる。

# Frankfurt am Main から Volkach へ
フランクフルト アム マイン　　　　　　　フォルカッハ

定年退職後の 60 歳代はロマンティックの言葉の響きに魅かれてロマンティック街道自転車道を全走破。 その自転車旅の魅力に嵌り、マイン川、エルベ川、ヴェーザー川、ドナウ川と各自転車道の良いとこ取り区間を体験走破している。 今回はマイン川、バイエルン州のフィヒテル山脈にある源流から、マインツでライン河に合流するまで、ほぼ 600km。 音楽祭が行われるバイロイト、ビールの街クルムバッハ、ユネスコ世界遺産に登録された旧市街をもつバンベルク、金融の中心である大都市フランクフルトを流れる。

### Volkach　フォルカッハ
鉄道好きがこの町で楽しみにしていたのは赤いレールバス「Volkacher Mainschleifenbahn」(フォルカッハ・マインシュライフェン(マイン川湾曲)鉄道)に乗車と、近郊の葡萄畑の中に「葡萄園のマリア」という巡礼教会(Wallfahrtskirche Maria im Weingarten)を訪れること。泊

### Miltenberg　ミルテンベルク　泊
マインの真珠と呼ばれ、マルクト広場や中央通りには木組みの家が多く中世の時代に迷い込む。

### Karlstadt　カールスシュタット　泊
マインフランケン・ワインの葡萄栽培・製造が盛んな地域、町から見上げると城跡が、絶景のウオーキングトレイルがあるのだ。

### Wertheim　ヴェルトハイム　泊
フランケン地方を流れるタウバー川がマイン川に合流する町、春の訪れを感じる白アスパラ(シュパーゲル: Spargel)が待っていた。

### Gemünden am Main　ゲミュンデン アム マイン
マイン川自転車道はマルクト広場を通り、テラス席のあるカフェ・レストランで休憩、鉄道撮影ポイントがある。

### Sommerhausen　ゾンマーハウゼン　泊
中世の塔や城壁がそのまま残され歴史ある町並みが見所、葡萄畑サイクリングにも挑戦。

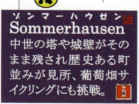

### Sommerach　ゾンマーアッハ
壁に囲まれた中世の村、葡萄栽培とワイン醸造が盛ん。

**到着**

ヘキストからフォルカッハまで約 307.5 km
この先バイロイト(Bayreuth)まで続く約 199 km

クリンゲンベルク アム マイン
葡萄畑からの絶景

今回はフランクフルトから出発、大型客船や沢山の荷物を満載した小型貨物船が、自転車道に並んで航行する。 ヴェルトハイムでタウバー河と合流し、世界的に有名な宮殿のあるヴュルツブルクを通過。 ハイライトとなるのは、マイン河が蛇行するフォルカッハ周辺にあるフランケン地方のワイン産地で葡萄畑を走ったときの忘れられない爽快さ。 なんと、ノスタルジックな赤いレールバスが葡萄畑の中を走るのだ。 この様にドイツ連邦共和国大使館・総領事館のホームページにも、自転車の旅、人気急上昇と PR 紹介されている。

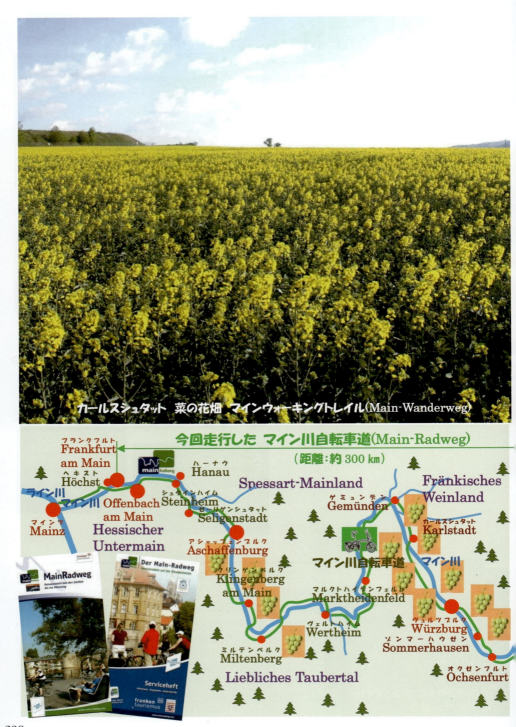

カールスシュタット(Karlstadt)、この町はヴュルツブルクの北約 30 km のマインフランケン・ワインの葡萄栽培・製造が盛んな地区。　マインウォーキングトレイル(Main-Wanderweg)に挑戦、葡萄畑の高台からはマイン川の絶景が見られる。　途中には菜の花畑の 180 度展望が待っていた。　一面が黄色に染まり、マインの風が菜の花の香りを運んでくる。　しばし我を忘れてイエローの世界に浸る。　城跡から遠景に見える丘のような小高い山の周辺は菜の花畑だった。

カールスシュタット　路線沿いの菜の花畑

マイン川自転車道(Mainradweg)の出発点はフランクフルト 走る前にトラムに乗車し寄り道、誰にも教えたくない何故か惹かれるヘキスト(Hext)の街へ

フランクフルト中央駅前のトラム乗り場

マイン川自転車道(Mainradweg)の出発点はフランクフルト。　マイン川の上流に向かって葡萄栽培やフランケンワインの醸造が盛んなフォルカッハ(Volkach)までの約300 kmを走るが、その前にちょっとお気に入りの地区に寄り道をしてみよう。　賑やかな市街も良いが、フランクフルトからマイン川に沿って西へ約 10 kmの所に、ここがフランクフルトかと疑う、静かな何故か心が惹かれる小さな町、ヘキスト(Höchst)地区がある。　ドイツではマイセンの磁器が良く知られているが、ここヘキストにもマイセンと共に歴史あるヘキスト焼きの磁器工房がある。　歴史的にはマインツに属するカトリックが盛んな町だったそうで、フランクフルトとは違う雰囲気があるのが納得できる。　誰にも教えたくないのだが、私はフランクフルト空港から日本へ帰るスケジュールをやりくりし、幾度と訪れている。是非ヘキストを訪れて欲しい。

　ヘキストに行くには、自転車、トラム、鉄道の3種選択が可能なので鉄道好きには嬉しい。　自転車では、フランクフルトからマイン川左岸に沿ったマイン川自転車道とローカルな自転車道を走り、渡し船で右岸に渡るとヘキスト旧市街、スローポタリングで約 1 時間である。　路面電車では、フランクフルト中央駅前からトラム(路線№.11)に乗車し、終点停留所ツックシュヴェルト通り(Zuckschwerdtstraße)下車、乗車時間は約 25 分、旧市街の城広場まで徒歩約 10 分。　トラムチケットはフランクフルト中央駅の構内にある観光案内所でフランクフルトカード(Frankfurt Card)の 1 日券(1Day)を購入が便利である。　ヘキスト地区には観光案内所がないのでついでに、ヘキストの案内パンフレットくださいとお願いすると、事務所の奥からゴソゴソ探して大事そうにくれたがこのような人はたまにしかいないようである。　鉄道でもフランクフルト中央駅の地下から S バーンで DB ヘキスト駅に約 10 分、旧市街を歩き城広場まで徒歩約 7 分と近い。

後方にはフランクフルト中央駅(Frankfurt Hbf)
正面のファサードは19世紀建築のルネッサンス様式

241

フランクフルト中央駅からトラム（路線No.11）に乗車、ヘキスト地区の外れにある停留所ツックシュヴェルト通り（Zuckschwerdtstraße）下車、終着停留所である。　以前はループとなっていたが今は行き止まり停留所となり、折り返し中央駅に戻るのだが、車両は片運転台から両運転台仕様に置き換わっているようだ。　停留所には昔からの小さな小屋に売店と向かいにはパン屋さんがある。　さあ、ヘキストの散策を始めよう、

一つ手前のボロンガロ停留所（Bolongaropalast）まで路線に沿ってツックシュヴェルト通りを歩き右折、ボ

終着／始発　停留所ツックシュヴェルト通り（Zuckschwerdtstraße）

242

ロンガロ通り(Bolongarostraße)を進むとヘキスト地区へ、18世紀バロック様式のボロンガロ宮殿(Bolongaropalast)とその庭園、カトリック教会(Saint Justin's Church)、停留所から徒歩約10分でヘキスト城広場(Höchster Schloßplatz)に着く。 レストランがあるので一息休憩、カフェタイムである。

停留所ツックシュヴェルト通り(Zuckschwerdtstraße)

一つ手前のボロンガロ宮殿停留所(Bolongaropalast)
トラムはフランクフルト中央駅へ

243

城広場(Höchster Schloßplatz)に面してパラソルが良く似合うオープンデッキ席のあるドイツ料理レストラン"Alte Zollwache"と"Gasthaus Zum Bären"がある。 広場から城の周囲に沿った細い道Burggraben通りには木組みの家が数軒続き、静かにひっそりと佇んでいる。 ヘキスト城は公開されていて内部の博物館が見学できる。 広場から二つの城門を潜ればマイン河畔、散歩には最適だ。

城広場(Höchster Schloßplatz)から二つの城門を潜るとマイン河畔、遊歩道を歩けば石造りの建屋やその窓、教会(Saint Justin's Church)、マイン川護岸の擁壁は中世のそのままを今に受け継ぎ、芸術的な様相を醸し出している。ヘキストはかつてドイツの総合化学企業(Hoechst AG)の本拠地で、世界有数の製薬会社であっただけに、DBヘキスト駅から旧市街に通じる商店街は賑やかで、戦争による被害を受けていないので路地に入ると木組の家が残る。

歩行者天国のケーニヒシュタイナー通り(Königsteiner Str.)

聖ユスティヌス教会
(Saint Justin's Church)

帰りは、ボロンガロ宮殿停留所
(Bolongaropalast) から乗車

トラムでフランクフルトに戻る

247

## マイン川自転車道(Mainradweg)　マイン河畔のフランクフルトユースホステル (DJH Jugendherberge Frankfurt)からヘキスト(Höchst)の街へ往復サイクリング

　ユースホステルをインターネットでシングルルーム予約すると、2段ベッドの4人部屋貸し切りである。さあ出発、レーマ広場の旧市庁舎に寄り道した後、マイン川左岸の自転車道を走る。曇り、晴れ、雨と目まぐるしく変化する一日となった。マイン川の閘門を通過、緑豊かな自然の中を走るとヘキストの渡し船乗り場に着いた。渡し船というよりは何だか観光船、乗船するのはほとんどが自転車族のようだ。ヘキスト城広場でカフェタイム、折り返し戻るが土砂降りの雨に遭遇。私はバス停留所に避難、橋の下ではサイクリストの多くが雨宿りを楽しんでいる。

**Bike Line** 地図は必需品（現地本屋、日本アマゾンで購入可）

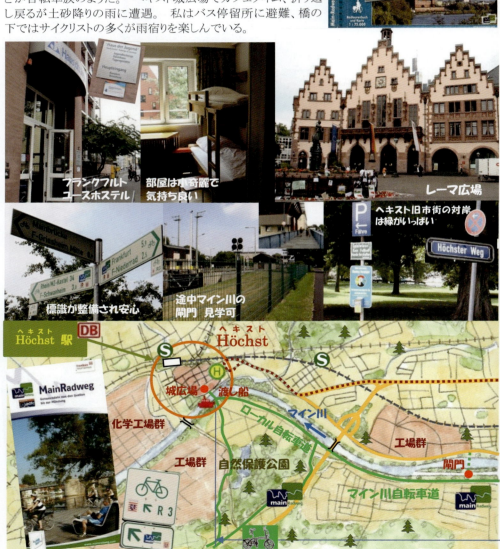

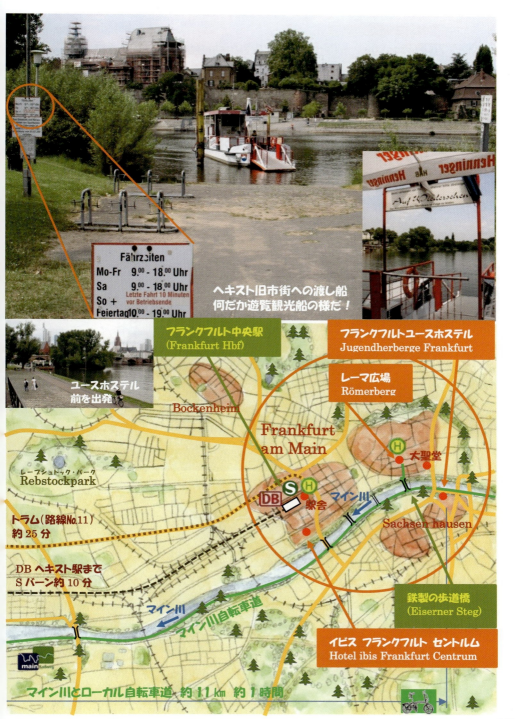

# マイン川自転車道(Mainradweg)
## フランクフルト(Frankfurt)～アシャッフェンブルク(Aschaffenburg) 約 55.5 km

イビス・フランクフルト・セントルム(Hotel ibis Frankfurt Centrum)を出発。 マイン川左岸に沿ったマイン川自転車道をアシャッフェンブルクまで約 55.5 kmの走行となる。 朝の穏やかな太陽を受けながら快適なポタリング、途中には閘門、渡し船乗り場があり対岸に渡りたい衝動に駆られる。 自転車道を走っていると、城門のある小奇麗な広場にさしかかり、案内板には見所を写真と地図で紹介しているが、ここがお目当てのシュタインハイム(Steinheim)である。 フランクフルトから気軽に行けるマイン川沿いの小さな町、ハーナウ市(Hanau)のシュタインハイム旧市街には、城や城壁、古い木組みの家々が残る町は中世の時代に戻してくれる。 小さな町なのに洒落たレストランが多く、人気なのは中世の香と隠れ家的な癒しの空間があるからだろう。 最寄り駅はフランクフルトから S バーンで約 30 分のシュタインハイム駅、旧市街まで徒歩 25 分。

250

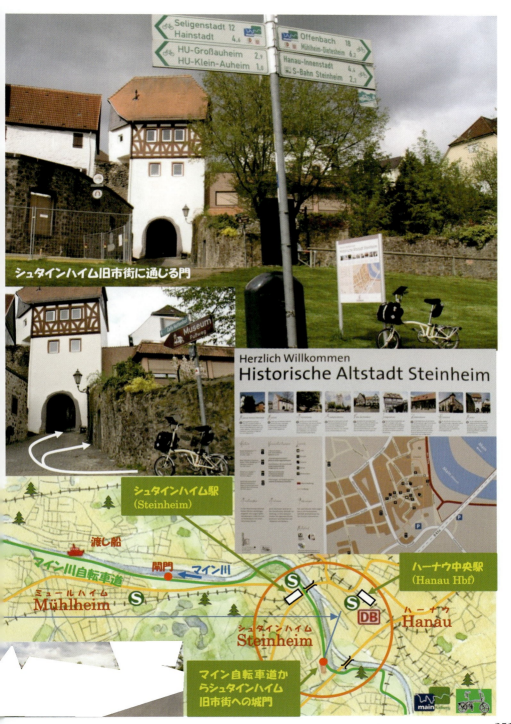

旧市街に通じる城門の右にどうぞお入りくださいと扉が、ここがシュロスガルテン・シュタインハイム(Schloßgarten Steinheim)なのだ。 入ると桜とハナミズキが満開で迎えてくれた。 奥にはシュタインハイム城と塔があり、城は美術館/博物館となっている。 城門を潜りアム・マイントール通り(Am Maintor)を進むと平和記念広場、パラソルのあるオープンテラス席が心地良いピザレストラン(Großherzog Ludwig I)があり、記念碑の像が眩しい。 町を歩いて見ると地元住民や観光客に人気のレストランが多く点在しているので、宿泊しランチやディナーを楽しみ、ゆっくりと過ごしたい。

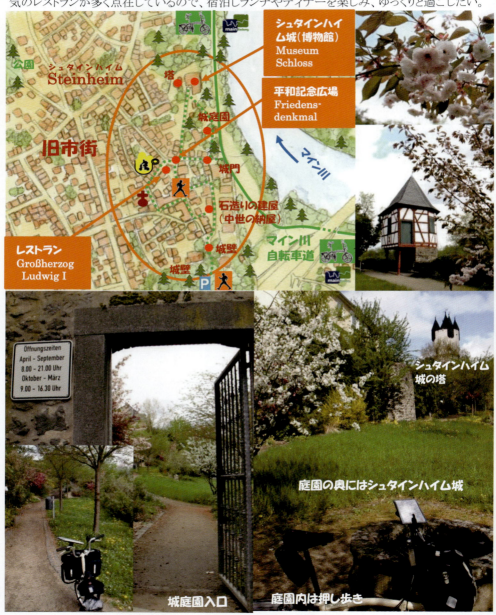

(レストラン Großherzog Ludwig I)
今は、スペイン料理 Bodega Andalucia

木組みの家が多く見られるが、ちょっと気になる石造りの建物を発見、中世の納屋だそうで石壁はそのまま生かして活用、扉や窓を今風に改装して事務所やアトリエ、絵画教室として使っている様だ。中世の石造りの納屋と今のデザインが見事に融合し素晴らしい。

平和記念像

石造りの建屋（中世の納屋を修復）

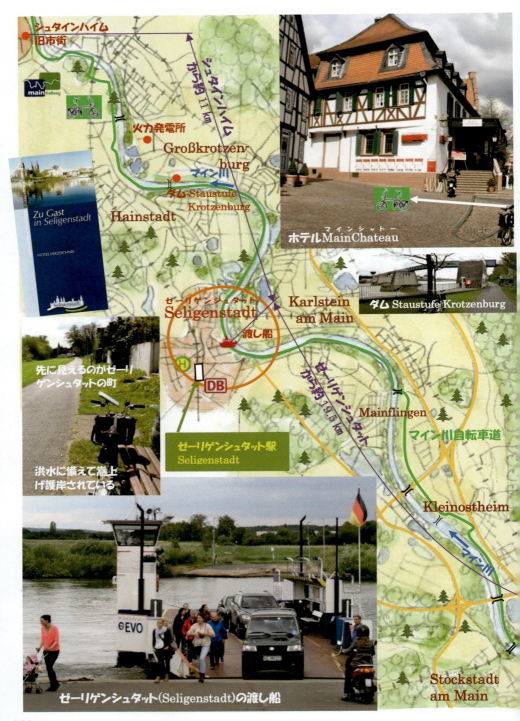

シュタインハイムからアシャッフェンブルクに行く途中に、またまた誰にも知られたくない私だけのマイン川沿いの小さな町、ゼーリゲンシュタット(Seligenstadt)がある。河川敷の自転車道を走るが、洪水の氾濫に備えて町は擁壁により護岸され、フェリー乗場(Mainfähre "Stadt Seligenstadt")に着く。ここが町の玄関、河畔のホテル・マインシャトー(MainChateau)に泊まりたい。

ゼーリゲンシュタット(Seligenstadt)の旧市街には木組みの家並みの家が残され、路地にも木組みの家が現れ、中世の世界に迷い込む。　マイン川自転車道を走った時のこと、ふと立ち寄ったこの町に惹かれて旅人は鉄道で再度訪れたのである。　フランクフルト中央駅から DB 鉄道(RE)で約 30分、ハーナウ中央駅でオーデンヴァルト鉄道(Odenwald-Bahn)に乗り換え約 1 時間 10 分でゼーリゲンシュタット駅に着く。　駅舎は煉瓦造りで趣があり立派なのだが、内部は閉鎖されている。　車社会モータリゼーション以前は賑やかだった様子がうかがえるが寂しい。　駅の線路を挟んで対面にはかつての白い円筒形の水道塔が残されている。　駅舎の壁には落書きが多いが、これも芸術だろうか、殺風景な壁より何だか落ち着くのは私だけだろうか。　駅前からバーンホーフ通り(Bahnhofstraße)を歩き町の中心マルクト広場へ徒歩約 10 分で木組みの家が立ち並ぶ広場に着く。

ゼーリゲンシュタット(Seligenstadt)駅

257

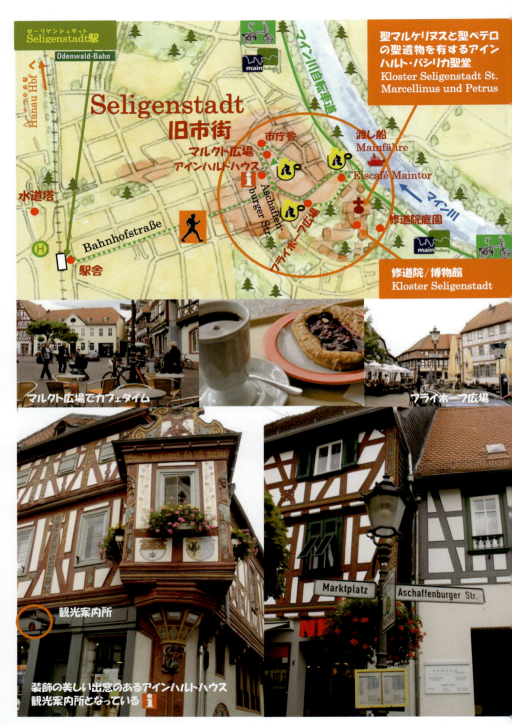

市庁舎

Marktplatz

マルクト広場(Marktplatz)の周辺は木組みの家が建ち並び、市庁舎や装飾豊かな出窓が特徴のアインハルトハウスがある。もう一つのお気に入りのフライホーフ広場(Freihofplatz)でもカフェタイムとしよう

聖マルケリヌスと聖ペテロの聖遺物を有するアインハルト・バシリカ聖堂と修道院のハーブ庭園

マイン川自転車道、4月末から5月初めにかけての新緑の季節には、菜の花畑やタンポポで黄色一面の世界となる。　アシャッフェンブルク(Aschaffenburg)の街が近づくとマイン川の氾濫に備えた石造りの赤茶色をした護岸擁壁の上には葡萄畑、水はけの良い斜面に栽培されている。　遠景には1605年から1614年にかけて、マインツ大司教の住居として創建され、四隅に塔が建つルネッサンス様式のヨハニスブルク城(Schloss Johannisburg)が見える。　進むと城門を潜り右へ、門壁に

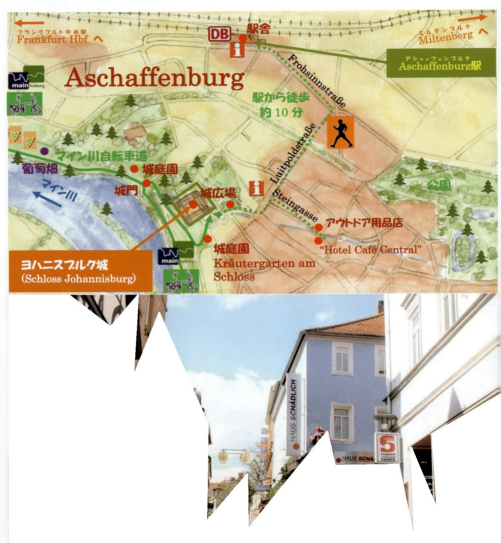

はマイン川の氾濫時の年代と水位レベルを壁に書き残している。 ヨハニスブルク城に立ち寄ってみよう。 州立絵画館とマインツ司教全盛時代の城館を復元した城博物館(Schlossmuseum)となっているようだ。 マイン川に面した城のテラスからのマイン川が悠々と流れる眺めは素晴らしい。 今日の宿は城近くの賑やかな通り Steingasse にある"Hotel Café Central"を予約しているので先にチェックインを済ませ街の散歩に出掛けよう。 城広場(Schlossplatz)ではこの季節(4月末〜5月初め)イベントが開催され、ハンブルク・フィッシュマーケット(Hamburger Fischmarkt)と移動遊園地、サプライズは城のテラスからの素晴らしい夕焼けが待っていた。

# マイン川自転車道(Mainradweg)
## アシャッフェンブルク(Aschaffenburg)～ミルテンベルク(Miltenberg)　約 41 km

　アシャッフェンブルクから路線に沿ったローカルな自転車道を選択、オーベルナウ(Obernau)の田舎町で水力発電所の堰を渡り、ニーデルンベルク(Niedernberg)でマイン川自転車道に合流する。一面が黄色に染まる菜の花やタンポポ畑に挟まれた田舎道を走る。　マインの風は菜の花の香りを運んでくる。　ヴェルト・アム・マイン(Wörth am Main)というちっちゃな村で休憩。　次はマイン川に沿った葡萄栽培の盛んな町、クリンゲンベルク・アム・マイン(Klingenberg am Main)へと天気が良いので軽快サイクリングである。　小高い山の急斜面には葡萄畑が延々と続き、高台のクリンゲンベルク城址には展望抜群のレストランがあり、ここからは旧市街やマイン渓谷一望できる。　旧市街には 16 世紀以降に建てられた多くの木組み建築があり、絵画的な歴史的景観を持つ町並みとなっている。1561 年に建てられた旧市庁舎は見事な木組み建築で、今は観光案内所となっている。　この地域の葡萄栽培・ワイン醸造ワイナリーでは主に赤ワインを生産、毎年 8 月にワイン祭りが開催される。

262

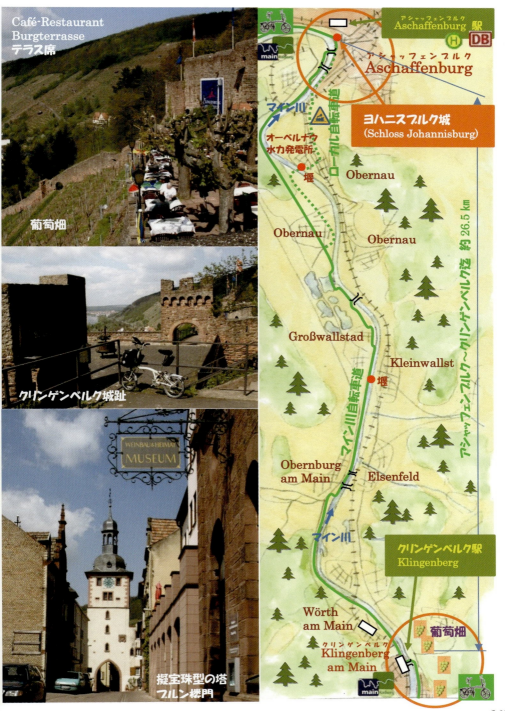

葡萄畑からの眺望は最高、尖塔は教会、中央の擬宝珠型の塔がブルン楼門、左手葡萄畑の上には中世のクリンゲンブルク城趾、マイン川が悠々と流れ旧市街は赤い尖がり屋根で統一されている。 この急斜面の葡萄畑には何故かフランケンワインのボトルが吊るしてあるが、芸術的な絵になる。 歴史を紐解いて見よう。 クリンゲンブルク、1177 年からここにはクリンゲンブルク家が、

1250 年からはマインツの官吏であるビッケンバッハ家がこの城に 16 世紀中頃まで居を構えた。その後この城は荒廃し、1871 年には城趾として市の所有となる。 20 世紀には城は観光で町おこしをしようという機運が高まる。 カフェ・レストランや展望台が設けられ、ここからは私が訪れたときに撮影した絶景、旧市街やマイン渓谷が一望できる。 クリンゲンブルク旧市街では毎年クリンゲンブルク演劇祭や音楽祭が行われ、様々な地域を越えて多くの観客が訪れるそうだ。

クリンゲンベルク城趾から旧市街の展望

クリンゲンベルクの旧市街には中世の木組みの家、高台には葡萄畑、城跡にはテラス席があるカフェ・レストランとあまりにも居心地がよく、一度訪れこの町を知った旅人は 8 月の葡萄祭りにもう一度訪れたいはずだと思うのは私だけだろうか。 この先マイン川自転車道を約 14.5 km走り「マインの真珠」と言われるミルテンベルク(Miltenberg)の町に近づくと自転車道はマイン河畔を走るが、こちらも木組みの家並みが美しく中世の雰囲気が残る中央通り(Hauptstraße)のルートを選択、通りは歩行者天国となっている。 通りに面しマルクト広場に近い宿"Goldene Krone"を予約している。 マルクト広場の周りには木組みの家々が立ち並び、中世の時代に迷い込みタイムスリップする。 St. Jakobus 教会、市立博物館、ミルテンベルク城(Burg Miltenberg)がある。 市立博物館の対面にある城壁門を潜り、細い上り道、シュロッサーガッセ(Schlossgasse)を約 5 分歩くと城に着く。 マイン川が一望できる。 旧市街に戻り、中央通りを進みリーゼンガッセ(Riesengasse)に分岐する角にはドイツ

266

で最も古い領主館「リーゼン」。 今ではホテル・ツム・リーゼン(Hotel zum Riesen)となり偉大な建物に圧倒される。 その先の中央通りを少し歩くと天使広場(Engelplatz)、観光案内所がある。

中世の街並みがそのまま残る中央通り(Hauptstraße)は石畳の道、遠くから馬車を引く馬の蹄の音が聞こえてきそうだ！

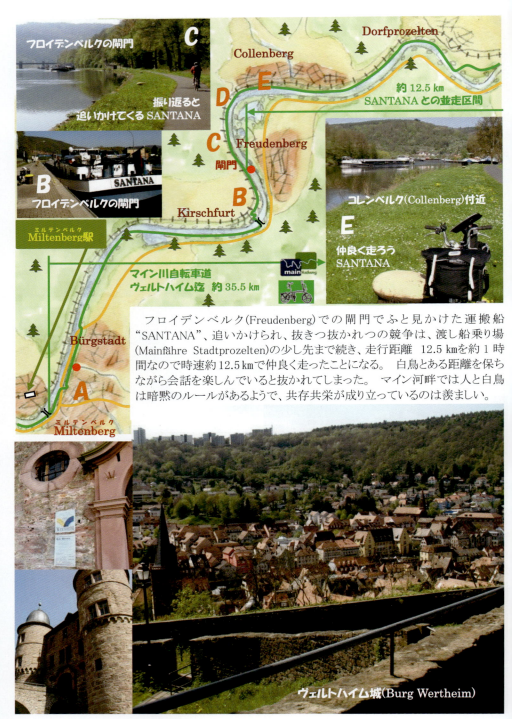

　フロイデンベルク(Freudenberg)での閘門でふと見かけた運搬船"SANTANA"、追いかけられ、抜きつ抜かれつの競争は、渡し船乗り場(Mainfähre Stadtprozelten)の少し先まで続く、走行距離 12.5 kmを約1時間なので時速約12.5 kmで仲良く走ったことになる。 白鳥とある距離を保ちながら会話を楽しんでいると抜かれてしまった。 マイン河畔では人と白鳥は暗黙のルールがあるようで、共存共栄が成り立っているのは羨ましい。

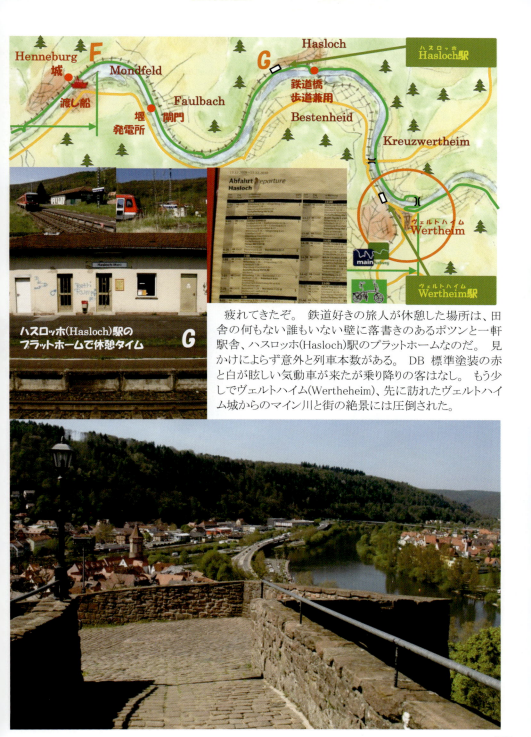

ハスロッホ(Hasloch)駅の
プラットホームで休憩タイム

疲れてきたぞ。 鉄道好きの旅人が休憩した場所は、田舎の何もない誰もいない壁に落書きのあるポツンと一軒駅舎、ハスロッホ(Hasloch)駅のプラットホームなのだ。 見かけによらず意外と列車本数がある。 DB 標準塗装の赤と白が眩しい気動車が来たが乗り降りの客はなし。 もう少しでヴェルトハイム(Wertheim)、先に訪れたヴェルトハイム城からのマイン川と街の絶景には圧倒された。

ヴェルトハイム(Wertheim)はフランケン地方を流れるタウバー川(Tauber)がマイン川に合流する町である。以前、中世の面影をほぼ完璧に残すローテンブルク(Rothenburg ob der Tauber)からタウバー川に沿ってタウバー渓谷自転車道(Liebliches Taubertal)を走り、雨の中辿り着いたのが、ここヴェルトハイムにあるホテル・レストラン"Am Malerwinkel"だった。春の訪れを感じる白アスパラ(シュパーゲル：Spargel)を白いクリームソース(又は、溶かしたバター)をたっぷりかけて頂いた。今回、この味が忘れられなくマイン川自転車道を走り再度訪れた。雲一つないブルースカイ、満開の桜を見ながら木漏れ日の差すオープンテラス席でランチを楽しむ。町の見どころはマルクト広場、皆アイスを食べながら春の心地良い日向ぼっこである。マルクト広場にはお洒落なカフェ・レストラン、アイスクリーム店がひしめき賑やか、マルクト広場噴水、天使像の噴水(Engelsbrunnen)、近くには博物館(Grafschafts Museum)、ヴェルトハイム城等があるので丸一日欲しいし、泊まりたい町だ。

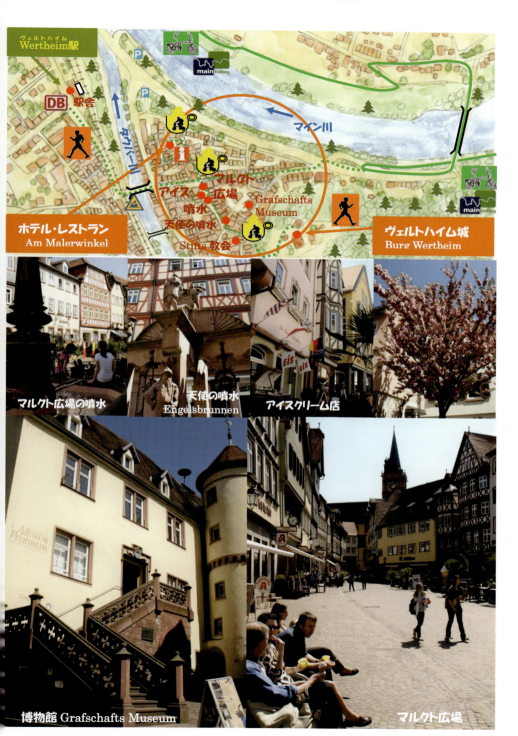

ヴェルトハイムを出発し、ベッティンゲン村(Bettingen)ではアーモンドの花が咲き誇っている。　レンクフルト(Lengfurt)には閘門があり対岸を見上げると高台に修道院(Kloster Triefenstein)、修道院ホテルとなっているようだ。　マルクトハイデンフェルト(Marktheidenfeld)の町に入ると河畔で親子が白鳥と対話を楽しんでいる。　河川敷に沿ったテラス席のある"café de mar"カフェ＆イタリア料理店で休憩、隣にはホテル"Hotel Mainblick"がある。　走るとまたまた閘門、対岸のローテンフェルス(Rothenfels)の高台には城(Burg Rothenfels)がそびえているが、ここも古城ホテルである。

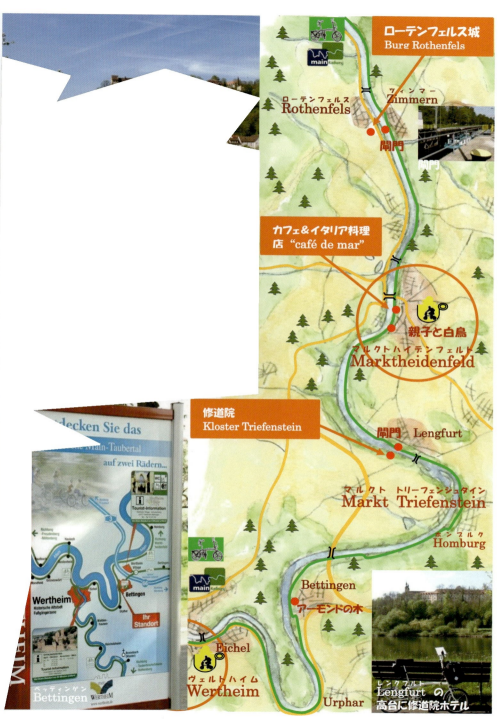

ノイスタット(Kloster Neustadt)修道院と白鳥、河畔の絵画的な風景を楽しむ。川沿いの小さな田舎町、プフロクスバッハ(Pflochsbach)、ゼンデルバッハ(Sendelbach)、対岸に渡るとローア・アム・マイン(Lohr am Main)の町には、城(Schloss zu Lohr am Main)や木組みの家並みや観光案内所もある。「ようこそ」立て看板に誘惑され寄り道したくなるが我慢。閘門を通過するとシュタインバッハ(Steinbach)と、町の名称の語尾にバッハ(back)が付くバッハオンパレード、ゲミュンデンに着いた。

羊の放牧地

Ruine Scherenburg

撮影ポイント1
ゲミュンデン
Gemünden am Main
マイン橋（鉄道高架橋）

撮影ポイント2
ヴェルンフェルト
Wernfeld

277

Gemündenのマルクト広場

マルクト広場の木陰

自転車族が休憩

Fränkischer Gasthof - Hotel "Zum Koppen" 泊まりたい宿

高台の住宅地はAdelsberg

撮影ポイント2 後方の高台の町はAdelsberg

　マイン川自転車道はゲミュンデン(Gemünden am Main)の旧市街にあるマルクト広場を通る。　広場には市庁舎、テラス席のあるレストランやカフェ、ベーカリー、アイス店のパラソルが開き華やかな雰囲気である。　広場から続くオーバートール通り(Obertor straße)は、古い石造りの建物が多く、その赤茶色の壁と石畳みの道が良く似合う。　夕暮れ時や夜には街灯が美しそうだ。　ビアーレストラン宿の"Zum Koppen"の角を右折するとマイン川、DB鉄道路線沿いを走り、鉄道の撮影に忙しい。

オーバートール通り
(Obertor straße)

オーバートール通り
(Obertor straße)

279

ゲミュンデン・アム・マイン(Gemünden am Main)からカールスシュタット(Karlstadt)までのマイン川自転車道は約 16 km、河川敷を鉄道路線に沿って走るので鉄道ファンにとっては絶好の撮り鉄街道。　菜の花畑や山の急斜面には葡萄畑が延々と続き、DB の赤い電気機関車がコンテナや貨車を牽引するのに出逢える。　急ブレーキをかけて急停車、早速連写モードで撮影だ。　夫婦連れのサイクリストが貨物列車と並んで快走、挨拶をする。　葡萄畑の高台を見上げると、ルート案内の標識が見え、ウオーキング道が整備されているようだ。　ここからの絶景を撮影したい衝動に駆られる。　小高い山の斜面には葡萄畑が延々と続き、中腹に沿って葡萄栽培農家の農道があるようだ。貨物列車が通過する。　マイン河畔の自転車道で一人の女性がベンチに座り読書しているのに遭遇。　地元の方だろうか自転車を傍に置き、日向ぼっこは印象派の絵画のようだ。　カールスシュタットへの入り口となる石造りの門に到着。　そこに記されていた過去最高の浸水レベルは 1784 年 2 月で、なんと約 240 年も前のこと。　歴史を感じられずにはいられない。

山の急斜面には葡萄畑、中腹には栽培農家の農道が続いている

自転車道には休憩スポット、夫婦と挨拶を交わす

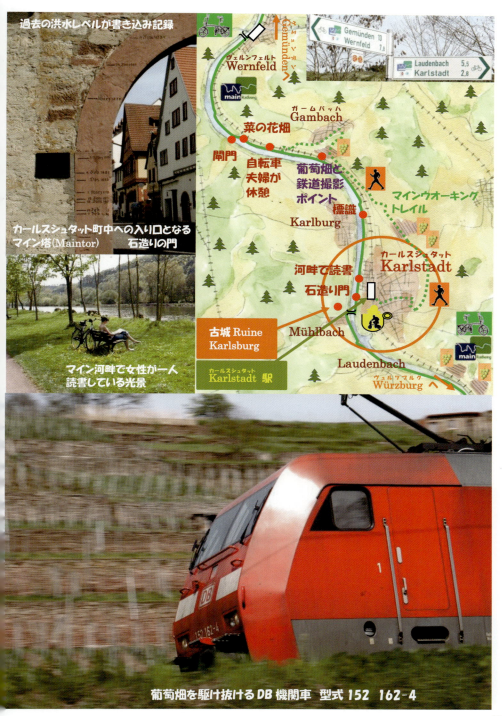

カールスシュタット(Karlstadt)、この町はヴュルツブルクの北約 30 km のマインフランケン・ワインの葡萄栽培・製造が盛んな地区である。 実は、現役時に、廃プラスティックの破砕・選別・造粒テストプラントを社内に設備する必要があった。 この町の近郊にある製造メーカーから造粒機を購入することになり出張をする機会があった。 旧市街や河畔の桜と城跡の夕暮れの空、それに葡萄畑の高台にはウオーキング道がありマイン川の絶景が見られることを知った。 またまた誰にも教えたくない町なのだ。 そんなきっかけもあり今回で3度目の訪問となる。 マルクト広場には市庁舎とその地下にはビアーレストラン、マイン河畔には洪水から街を守る石造りの擁壁が続く、その擁壁には塔(Turm am Maintor)、ハウプト通りは賑やかで観光案内所もあり、その先には四角柱の塔(Der obere Torturm)、対岸の高台には城跡がそびえている。

Karlstadt 駅　　　旧市庁舎(Rathaus)　　　Hotel Eisenbahn

Karlstadt 駅　電気機関車のプッシュプル列車　後ろ押し　　客車先頭の制御車

マインウォーキングトレイル(Main-Wanderweg)に自転車と押し歩きで挑戦なのだ。　カールスシュタット駅からスタート地点の①まで自転車で約 15 分、トレイルの案内看板がある。　柿色の線が示す③、④、⑤、⑥の順に歩くのだが、絶景の連続、尾根を歩くような感覚なので怖いぞ。　急斜面には葡萄畑、時折赤い電気機関車が牽引する貨物列車や客車はジオラマのようだ。　トレイルの途中には広場(展望台)があるが、何もなく絶景がご馳走である。　松林、雑木林を抜けると林道に合流し下り坂となる。　ガームバッハ(Gambach)村に入り、抜けるとマイン川自転車道に出る。　8:30に出発しマルクト広場12:00着、3時間半でマインウォーキングトレイルを完走。　次の街ヴュルツブルク(Würzburg)はフランケン地方の中心都市、長崎の出島で活躍した医師シーボルトが生まれた街でもある。　マリエンベルク要塞や大聖堂が見所だが、以前にロマンティック街道自転車道の起点フュッセンから終点ヴュルツブルクまでを走り、訪れているので観光はパスしよう。

マインウォーキングトレイル
(Main-Wanderweg)

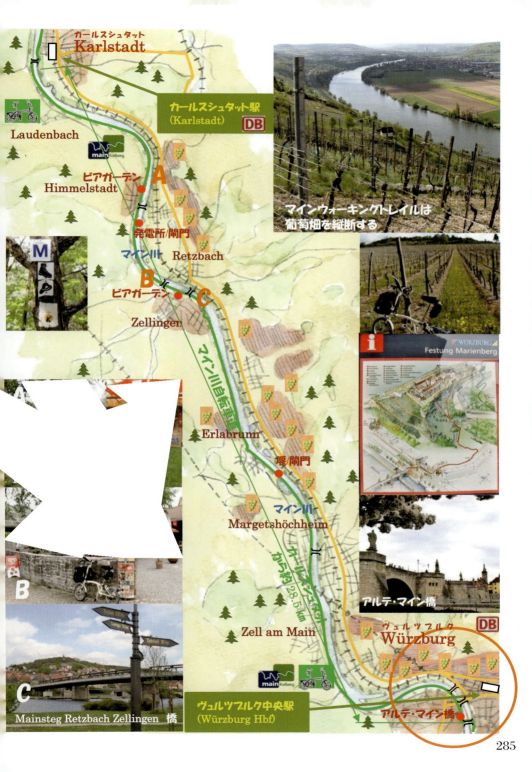

# マイン川自転車道(Mainradweg)
## カールスシュタット(Karlstadt)～フォルカッハ(Volkach)　約94 km

　聖人や他の偉人の像が設置されている歩行者専用の石橋、アルテマイン橋(Alte Mainbrücke)を渡ると、遠方に聖堂の塔とトラムが走る賑やかな街が見えるが、マイン川自転車道は噴水(フィアレーレンブルネン Vierröhrenbrunnen)のある広場を右折しマイン川の右岸沿いを走る。　途中、閘門と堰があり水力発電所のようだ。　アイベルシュタット(Eibelstadt)の河川敷の公園内を通過するが、

魅力的な町で誘惑されそうになる。 もう夕方で灰色の曇り空となり今にも雨が降りそう、ゾンマーハウゼン(Sommerhausen)まではあと 3.2 km、もう直ぐだ。 中世の塔や城壁がそのまま残され歴史ある町並みが見所で、宿はマイン川沿いのちょっとお洒落なホテル(Gasthof Hotel Anker Sommerhausen)を予約している。 先にチェックインし、市壁に建つマイン塔(Maintor)のアーチ門を潜ると石畳の道となり、そこは中世の世界にタイムスリップさせてくれる。

287

マイン塔(Maintor)のアーチ門から石畳の道、マインガッセ(Maingasse)通りを進むとメイン通りであるハウプト通り(Hauptstraße)に出る。 噴水 Markt Brunnen(Hans-jörg Brunnen)があり、その角にはホテル・レストラン"Hotel Ritter Jörg"、ホテル Gasthof Hotel Weinbau "Zum Goldenen Ochsen"、ベーカリー(Marktbäckerei Gerd und Stefan Fuchs GmbH)がある。 ハウプト通りを北に行くと市庁舎と観光案内所、黄色い教会と塔、横にはテラス席のあるカフェ(Cafehaus Schatztruhe)がある。 その先には左右対称でない珍しい塔(Würzburger Tor)があり、なんとここはドイツで一番小さな劇場(Torturmtheater)でもあるようだ。 南に行くと今ではワイナリーとなっている城(Weingut Schloß Sommerhausen)、その先には市壁に建つ塔(Ochsenfurter Tor)がある。 見どころは多い。

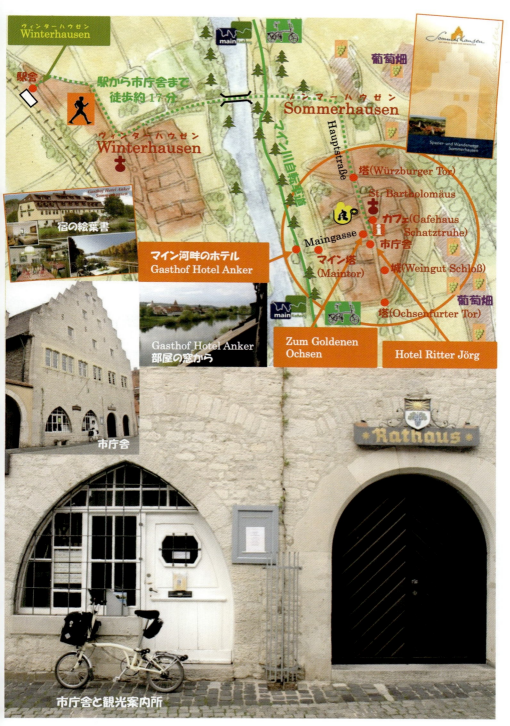

教会横のカフェ(Cafehaus Schatztruhe)の壁からの案内看板にはポットやカップが吊るされ、親しみを感じる店である。　テラス席で老人が一人カフェタイムなので私も休憩しよう。　町の周囲には市壁や塔が残され中世の世界に迷い込む。　中世の市壁は町の周囲を囲み、城塞都市であったことが今に伝えている。　市壁の中に花が咲いていたのには住民の生活の豊かさやちょっとした心使いが感じられた。　ハウプト通りにある城(Weingut Schloß)に入ると中庭で不思議な方がお出迎え、パンフレットのおもてなしがあった。　このようなスタイルを日本に直輸入したい。　シュロス・ゾンマーハウゼンの設立は 1435 年、最も古い畑の歴史は記録される限り 1114 年まで遡るそうだ。　フランケン屈指のワイナリーとなり城のワイン醸造所(ワインケラー)ではワインの試飲や販売をしている。　夕方やっとハウプト通りに斜めから太陽が射しこみ、一瞬明るくなった時に慌ててシャッターを押した。

中世の市壁に花が咲いた

カフェ(Cafehaus Schatztruhe)の壁からの案内看板に注目

城(Weingut Schloß)の入り口でお出迎え

ハウプト通りを北に行くと、市庁舎と教会 その先には市壁に建つ塔(Würzburger Tor)が見える

ラートハウスガッセ Rathausgasse 奥に塔 Roter Turm

中世の市壁

中世の市壁

市庁舎の前からスタートし、Flurersturm 塔の壁に沿った通路を抜けると葡萄畑葡萄畑の "Wein-Kultur Weg"というワイン文化を巡る道がある。 距離は 3.2 km、所要時間は徒歩約1時間で周遊できる。

ゾンマーハウゼンから自転車道は右岸を走るとオクゼンフルト旧市街フェーリ(Ochsenfurter Altstadtfähre)の乗り場に着く。　対岸の旧市街に渡るのだが、傍にあった旧マイン橋の中央部(戦争で破壊されため両岸の歴史的に貴重な石造りアーチ橋を活用し、その中央部をコンクリート梁として復旧)が老朽化のために再度アーチ橋部を忠実に補修し、中央部の橋を新しく造り替えるようだ。　その後、橋は完成し渡し船の運行は終了となる。　しかし、市民の存続要望や観光発展を促進するとういう目的で毎週末の土曜と日曜日に観光船(DIE NIXE Ochsenfurter Altstadtfähre )として再復活しているようで、嬉しい。(www.die-nixe.de)　オクゼンフルトの歴史的な旧市街を囲む

292

多くの市門や塔を持つ市壁は現在もその大部分が保存されている。 またまた誰にも教えたくない小さな町のリストにインプットし、後日訪れることにしよう。 キッツィンゲン(Kitzingen)では橋(Konrad-Adenauer-Brück)を渡り右岸を走ると、マインシュトックハイム(Mainstockheim)で自転車族に人気のカフェ・インビス・ビアガーデン(Roadhouse)が道傍にあり休憩。

マインシュトックハイム(Mainstockheim)では自転車族人気のインビスでカフェ休憩。 ドイツでは川沿いにサイクリング道が整備され起伏が少なく、川の流れに身を任せてペダルを廻しながら大人から子供までサイクリングを家族で楽しんでいるのは羨ましい。 ワンコまで一緒なのには吃驚である。 デッテルバッハ(Dettelbach)、こじんまりした城塞の町で旧市街には城門・城壁や塔が残り、葡萄栽培が盛んでフランケンワイン産地である。 菜の花が咲く自演車道から遠景に町を見ながら通過……立ち寄りたいが。 マイン川を渡るとシュヴァルツァッハ・アム・マイン(Schwarzach am Main)を通り、次の小さな村は住民が 1400 人程の歴史ある中世の町。 蛇行するマイン川の南に位置し日当たりの良い葡萄畑の島と言っても可笑しくないエリアである。 村を囲む壁と2つの門に囲まれ、歴史的遺産の建築物や木造住宅には 11 世紀にさかのぼる葡萄栽培を引継ぐ農村の伝統が垣間見られる。 村は葡萄栽培とフランケンワインの醸造所が多いことからちょっとリッチな雰囲気、2014 年にはヨーロッパで最も魅力的な小さな町の一つとして金メダルを授与されたそうだ。

デッテルバッハ(Dettelbach)
後方に教会(Pfarrkirche St.Augustinus Dettelbach )の塔  B

デッテルバッハ(Dettelbach)
黄色に染まる菜の花畑  C

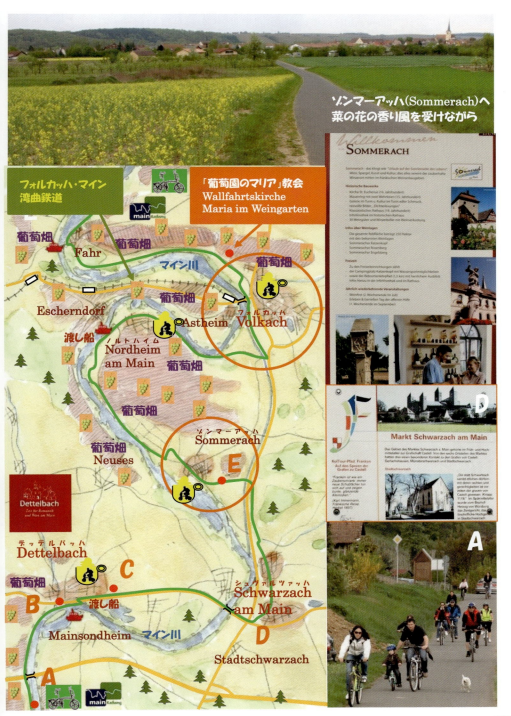

ゾンマーアッハ(Sommerach)には壁に囲まれた中世からの村が残され、その石造りアーチ門を潜るとそこは別世界となる。　村の周囲には葡萄畑、村の中には醸造所ワイナリーが多くあり、長年の伝統を守りながらワイン文化が息づいている。　ワインボトルはフランケン地方特有のボックスボイテルと呼ばれる丸みのある瓶、ボックスはヤギ、ボイテルは袋の意味でヤギの陰嚢のこと。　昔は純良なワインをこの瓶に詰めたことから、品質を保証されたワインの証明として形が受け継がれている様だ。　ドイツでは「シュパーゲル(白アスパラガス)」が市場に並ぶと春の訪れ感じるようで、この村のどのレストランも店の前に大きな立て看板を出しお入りくださいと誘惑するが、今日の目的地フォルカッハ(Volkach)でディナーにシュパーゲル料理としよう、もう直ぐだ。　お気に入りの宿はガストホーフ白鳥(Gasthof zum Schwan)とガストホーフ白い子羊(Zum weissen Lamm)、次回にと楽しみである。村を抜けると一面の葡萄畑、自転車道はこの葡萄畑の中を通り、蛇行しているマイン川沿いに島のような葡萄畑をぐるりと180度回るコースを辿りフォルカッハ(Volkach)を目指す。

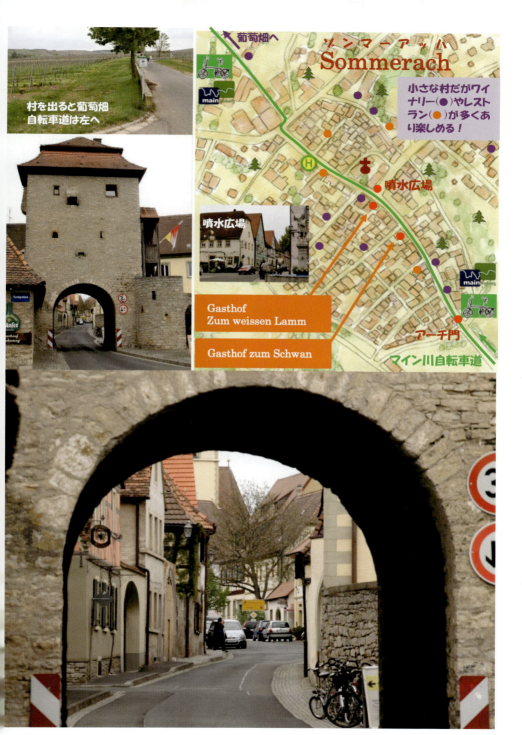

　蛇行するマイン川の島と呼ぶエリアは見渡す限りの葡萄畑、10月頃に開催される葡萄祭りが盛況だろうなあと走る。　途中小さな村ノルトハイム・アム・マイン(Nordheim am Main)を通るが小雨が降り始め、ドイツ人はあまり傘を差さないが赤と黒のパラソルが開く。　こちらも葡萄畑とワイン醸造が盛んのようである。　フォルカッハ(Volkach)、町の入口にあるウンター門(Unters Tor)を潜りハウプト通りを進むと市庁舎のあるマルクト広場、その広場に面したホテル・レストラン"Wirtshaus&Hotel Behringer"1階のテラス席で春の訪れの味覚シュパーゲルタイムである。　鉄道好きがこの町で楽しみにしていたのは赤いレールバス Volkacher Mainschleifenbahn に乗車と近郊の葡萄畑の中に「葡萄園のマリア」という巡礼教会 (Wallfahrtskirche Maria im Weingarten)を訪れること。(第4弾　ドイツ蒸気機関車2"保存鉄道"で紹介しているので見て頂きたい)

ウンター門(Unters Tor)

バスターミナル(Volkach Bahnhof)
キッツィンゲンから路線バス(8110 系統)に乗車し約50分でこのバスターミナルに着く。

フォルカッハ(Volkach)の町はフランケンワインの葡萄の産地、白アスパラガス(シュパーゲル)の産地でもある。　季節運行となる保存鉄道の運行日に合わせて鉄道で訪れるには、ヴュルツブルクから鉄道で約30分のところにあるDBゼーリゲンシュタット(Seligenstadt)駅から以前本線に接続していた路線跡をすこし歩く。　駅舎も何もない保存鉄道の駅ゼーリゲンシュタット駅がある。　乗車し約25分アストハイム駅に着く。　駅からフォルカッハ市民の念願であった新マイン橋を渡ると交差点のロータリー、ゲオルク・ベルツ通り(Georg-Berz-Str.)を直進、市庁舎や🛈案内所のある賑やかなマルクト広場に出る。　ランチタイムはこの広場に面するホテル・レストランの"Wirtshaus & Hotel Behringer"1 階のテラス席で春の訪れの味覚シュパーゲルを注文しよう。　周辺にはカフェ、レストラン、雑貨店等が多くあり楽しめる。　次は散歩タイム、マイン川沿いの「葡萄園のマリア」教会(Wallfahrtskirche Maria im Weingarten)に行って見よう。　赤いレールバスの車窓からマイン川の向こうに見えた葡萄畑の丘にポツンと建つ教会だ。　キルヒベルク通り(Kirchbergweg)を進むと前方に葡萄畑、丘の上に教会が現れ、葡萄畑の中の小道を上ると癒される小さな教会がある。

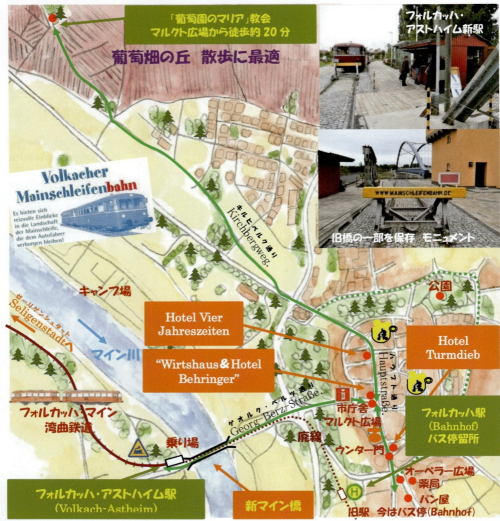

300

自転車雑誌他でフリーランスライターとして活躍している
前田利幸氏からのエール
## "男たちよ、再び立ち上がれ"

　コロナ禍が収束し通常が戻ったのかといえば、私の場合そうも言えない。　行動意欲はすっかり失せたままだ。　5月に海外取材の話があったが、断ったのは円安で渡航費が高騰していたというだけではない。　再び立ち上がる勇気が持てなかったのだ。　期限切れのパスポートを更新すべきかどうか迷っていたとき、田中氏から久しぶりに連絡があった。　再び蒸気機関車を追いかけ始めたことを知った。

　住んでいる場所が離れているため会ったのは数回だが、振り返れば付き合いは10年くらいになる。　初めて会ったのは50歳の節目を超え、何かと守りに入り始めた頃だった。　田中氏の本が、そんな私に"まだ早い"と喝を入れた。　フリーランス記者の私はそれから、大して英語もできないくせに積極的に海外に出た。　若い頃夢中だったバンド活動も再開し、仲間も増えた。　田中氏の旅は一度だけでなかった。　私に都度、勇気を与えてくれていたような気がする。

　世界の蒸気機関車保存鉄道を追い続ける田中氏の旅の価値は、マニアックな部分だけにあるのではない。　生き方そのものの価値であることをこの本が証明している。　ポストコロナというだけでなく新たな生活様式が推奨される今だが、すべてが流されるべきではない。　かつて田中氏の本を「熟年のバイブル」と称したことがあったが、今や全世代にとって価値のある本だと言いたい。　男たちよ、再び立ち上がれ！

## あとがき

　ドイツ限定免許の殻から脱皮し、お隣のベネルクスの響きに惹かれて「ベネルクス三国縦断の保存鉄道旅2023」という旅プランを新規に企画した。

　オランダ、ベルギー、ルクセンブルクを縦断するのは夏場の7月末から8月初めにかけて約3週間とした。　暑い混雑するこの時期に計画したのには訳がある。　通常、保存鉄道は季節運行であり、主に4月から10月ごろまでの週末の土曜日と日曜日に限定されるが、夏場のサマーシーズンには通常日にも運行されることが多いため、訪問のスケジュールが無駄なく連続した旅計画が可能となるから。　今回の旅ではあちらに行ったり、こちらに戻ったりと忙しく駆け回り、移動日の一日以外は全てフル稼働となった。

　旅の相棒はフォールディングバイクで、名前は英国生まれの"ブロンプトン"。　彼女とはかれこれ20年以上もお付き合いしている真柄なのだ。　その間に、保存鉄道の路線沿いを走り蒸気機関車の追いかけに嵌まる。

　2005〜2017年の間には蒸機やレールバスが走る保存鉄道を求めて、フランクフルト(Frankfurt am Main)からフォルカッハ(Volkach)の町へマイン川自転車道(Main-Radweg)を駆け抜けた。　フォルカッハでは、赤いレールバスが蛇行するマイン川に沿って走る。なんと葡萄畑の中を。　ブロンプトンと二人で走った旅をもう一度振り返ってみよう。　この自転車旅は既刊の定年退職組への提案本"60歳からの熟年男「旅」PART1"の続編でもある。

## 1、ベネルクス3国へ、ドイツから始まった保存鉄道旅は「止まらない」

　ノスタルジックな蒸気機関車、ディーゼル機関車、レトロな可愛いレールバスに加えて、今回はボランティア主体で大切に動態保存されている旧路面電車(レトロなトラム)

お気に入りの固形水彩絵の具は英国 Cotman 社製

や珍しいディーゼルトラム、その運営する博物館にも追いかけをしている。
そこで感じた衝撃は、保存鉄道「Heritage Railway」が保存団体により運営され、スタッフの多くはボランティアとして活躍しているということだった。欧州の国々では、大切な鉄道遺産を保存鉄道として後世に残していくという考え方は、単に今養われたものでなく、長い年月を経て育てられたものである。その慣習に日本が追いつこうとしても追いつけないほど重みがあるということ。

### 2、旅の終着駅はやはりドイツ、モーゼル川の葡萄の産地へ

　ベネルクス縦断の保存鉄道旅は、ドイツフランクフルトからデュッセルドルフを経由して左周りにオランダ、ベルギー、ルクセンブルクを縦断、モーゼル川の流れに沿ってフランクフルトへと旅は終盤を迎える。　おまけというか、旅の疲れを癒すには最適なモーゼル川畔の葡萄畑に囲まれた中世の香りが残るベルンカステル・クースへ立ち寄ることにした。　かつては赤いレールバスが運行していた町への鉄道路線は廃線となり、現在では鉄道が通っていないので昔ながらの雰囲気が心地よい。　その廃線跡がマーレ・モーゼル自転車道(Maare-Mosel-Radweg)となっているので、旅の締めくくりとして廃線跡のサイクリングにも挑戦、蒸機や赤いレールバスが走っていたころの昔に思いをふけながら。

　モーゼル川自転車道を走り、隣町であるここも葡萄の産地トラーベン・トラバッハに宿泊。　窓から見るモーゼル川の夜は更け、行き交う船の明かりがロマンティックな夜を醸し出し、満足感と疲れから熟睡する熟年男。

　この歳になって童話作家であり旅好きでもあったアンデルセンの気持ちが良く理解できる、「旅することは生きること」の意味が。

## 著者紹介

田中貞夫(たなか　さだお)

| | |
|---|---|
| 1948 年 11 月 | 和歌山県和歌山市生まれ |
| 1971 年 3 月 | 東京理科大学工学部機械科卒業後、大手企業に就職。<br>プラントエンジニアリング、機械設計に携わり、破砕・粉砕・選別・造粒に関する技術開発を行う。特にプラスチックのマテリアル及びサーマルリサイクルプラントを専門とし、環境分野に於いて環境先進国ドイツより日本市場へ技術導入を企画提案。<br>数々の資源有効活用への納入実績を持つ。 |
| 2008 年 11 月 | 定年退職　予てからの"夢の実現"へドイツ自転車道の旅を開始<br>英国チェルトナムに遊学しホームステイを体験<br>イギリスの原風景が残るコッツウオルズ地方のサイクルポタリングと蒸気機関車保存鉄道を訪ねる。 |
| 2009 年 6 月 | 新緑のドイツロマンティック街道自転車道、メルヘン街道のヴェーザー川自転車道を折畳み自転車で約一ヶ月の一人旅、蒸気機関車保存鉄道の追い掛けをして子供の頃にタイムスリップ。 |
| 2010 年 3 月 | 冬のロマンティック街道自転車道を旅。<br>銀世界に浮かぶノイシュヴァンシュタイン城と大雪原にポツンと小さな教会が忘れられない。 |
| 同 5 月 | タンポポの季節にマイン川とタウバー川自転車道を旅、ヴュルツブルク近郊の保存鉄道レールバスに乗車＆葡萄畑を駆け抜け、ドイツの春を感じる。 |
| 2011 年 7 月 | 南ドイツ「ロマンティック街道旅」自転車＋鉄道＋バス　出版。 |
| 2012 年 7 月 | 南仏/プロヴァンスのラベンダー街道、ドイツ/ウルム近郊の蒸気とレールバスの乗り鉄・撮り鉄、ドナウ川自転車道のショート旅。 |
| 2013 年 4～5 月 | ドイツザクセン州「ドレスデン蒸気機関車フェスティバル」、蒸気機関車・レールバスの追いかけを開始。 |
| 2014 年以降 | ドイツに加え、ポーランド、チェコ、デンマーク、オランダ、ベルギー、ルクセンブルク、英国、スイスへと SL や保存鉄道の魅力に嵌り、2 回/年(春と秋)訪れている。 |

## ベネルクス 3 国縦断
## 蒸機が走る保存鉄道を求めて

| | |
|---|---|
| 発行日 | 2025 年 3 月 15 日　第1刷　　※定価はカバーに表示してあります。 |
| 著者 | 田中貞夫　E-mail : ksmkt2023@gmail.com |
| 発行人 | 福原文彦 |
| 発行所 | 株式会社フォト・パブリッシング<br>〒114-0014　東京都北区田端 6-1-1　田端ASUKAタワー 17階<br>TEL.03-4212-3561 (代)　FAX.03-4212-3562 |
| 発売元 | 株式会社メディアパル (共同出版者・流通責任者)<br>〒162-8710　東京都新宿区東五軒町 6-24<br>TEL.03-5261-1171　FAX.03-3235-4645 |
| 印刷所 | 株式会社サンエー印刷 |

ISBN978-4-8021-3515-3 C0026　　　ⓒSadao Tanaka 2025 Printed in Japan

この印刷物は環境に配慮し、地産地消・輸送マイレージに配慮したライスインキを使用しているバイオマス認証製品です。

本書の内容についてのお問い合わせは、上記の発行元(フォト・パブリッシング)編集部宛てのEメール(henshuubu@photo-pub.co.jp)または郵送・ファックスによる書面にてお願いいたします。